기독교문서선교회 (Christian Literature Center: 약칭 CLC)는 1941년 영국 콜체스터에서 켄 아담스에 의해 시작되었으며 국제 본부는 미국 필라델피아에 있습니다. 국제 CLC는 59개 나라에서 180개의 본부를 두고, 약 650여 명의 선교사들이 이동도서차량 40대를 이용하여 문서 보급에 힘쓰고 있으며 이메일 주문을 통해 130여 국으로 책을 공급하고 있습니다. 한국 CLC 는 청교도적 복음주의 신학과 신앙서적을 출판하는 문서선교기관으로서, 한 영혼이라도 구원되길 소망하면서 주님이 오시는 그날까지 최선을 다할 것입니다.

구원, 하나님 나라의 시작

Salvation, the Beginning of God's Kingdom
Written by Seong Pil Kim
All rights reserved.
Korean Edition Copyright ⓒ 2024 by Christian Literature Center, Seoul, Korea.

구원, 하나님 나라의 시작

2024년 1월 15일 초판 발행

지 은 이	|	김성필
편 집	|	추미현
디 자 인	|	이승희, 서민정
펴 낸 곳	|	(사)기독교문서선교회
등 록	|	제16-25호(1980. 1. 18.)
주 소	|	서울특별시 동대문구 천호대로71길 39
전 화	|	02-586-8761~3(본사) 031-942-8761(영업부)
팩 스	|	02-523-0131(본사) 031-942-8763(영업부)
이 메 일	|	clckor@gmail.com
홈페이지	|	www.clcbook.com
송금계좌	|	기업은행 073-000308-04-020 (사)기독교문서선교회
일련번호	|	2024-5

ISBN 978-89-341-2642-3(03230)

이 책의 저작권은 저자와 (사)기독교문서선교회가 소유합니다.
신저작권법에 의하여 한국 내에서 보호받는 저작물이므로 무단 전재와 무단 복제를 금합니다.

구원, 하나님 나라의 시작

김성필 지음

CLC

목차

들어가는 말 중요한 고민   6

제1부 구원에 대해   9

제1장 구원에 대한 오해   11
1. 오해의 이유   13
2. 오해의 결과   17
3. 오직 믿음에 대한 오해   21

제2장 구원이란 무엇인가?   26
1. 죄로부터의 구원   26
2. 구원과 함께 시작된 하나님 나라   35
3. 하나님 나라의 원리에 적응하기   57

제2부 하나님 나라를 살아가는 연습   69

제1장 하나님 나라의 백성으로 살기 위한 성장 과정   72

    1. 해방   72

    2. 하나님 백성의 규칙 – 율법   79

    3. 하나님 백성의 정체성 – 성소   87

    4. 일상을 주님과 함께하는 훈련 – 만나   95

    5. 노예근성 – 죄성   108

    6. 노예근성에서 해방   116

    7. 성령 체험   124

    8. 공동체 – 이스라엘 열두 지파   130

    9. 하나님 나라에서의 삶   139

제2장 하나님 나라를 살아가게 하신 이유   146

제3장 하나님 나라를 살아가는 자의 특징   155

    유별남(빛과 소금)   155

나오는 말 **구원을 이루라**   162

들어가는 말
◆
중요한 고민

　성경에서는 같은 의미의 단어에 대해 여러 가지 표현을 사용하기도 한다. 예를 들어, "성령"만 하더라도 여호와의 신, 예수의 영 등 많은 단어로 표현할 뿐만 아니라 여러 가지 상황에서 다른 방식으로 표현이 된다. '성경충만' 역시 성경충만이라고 쓰인 곳은 별로 없지만, 성경충만에 관해 설명하고 권면하는 곳은 많다. 같은 의미지만 상황과 관점에 따라서 다르게 표현이 되기도 하고, 동일한 단어가 다양한 의미로 사용되기도 하기 때문이다.
　구원이라는 단어 역시 구원을 말하는 단어와 표현은 성경에 수없이 등장한다. 그래서 때로는 그것이 같은 의미인지도 모르고 성경을 읽게 되고, 더군다나 성경은 너무 많은 것에 대해 말하고 있어 성경 그 자체를 매우 어렵다고 느끼게 된다. 이렇다 보니 구원에 대한 의미를 부분적으로만 이해하거나 오해하는 경우가 생긴다. 최근에는 구원에 관해 말할 때 하나님 나라에 대한 초점이 강조되고 있다.
　오랫동안 교회는 구원받는다는 것을 죽어서 천국에 가는 것으로만 강조해 왔다. 이로 인해 신앙생활이 예수 믿고 구원만 받으면 그만이라는 생각으로 천국을 보장받았기에 더이상 성장하거나 헌신하지 않아도 된다고 생각하는 이른바 '값싼 은혜'의 태도를 양산하게 되었다.

그러나 최근에는 예수께서 전하신 복음이 죽어서 가는 천국에 관한 말이 아니라 이 땅에서부터 시작된 하나님 나라에 관한 이야기라는 사실을 강조하고 있다. 이런 인식의 변화는 중요하다. 성도가 구원받은 후에 어떤 삶을 살아야 하는지를 바르게 안내해 주기 때문이다.

그뿐만 아니라 이미 얻은 천국행 티켓을 주머니에서 만지작거리며 소극적인 태도로 신앙생활을 하려는 성도에게 왜 이 땅의 것을 포기하고 하늘을 바라보며 열심을 내야 하는지를 설명해 주는 중요한 근거가 된다.

하지만 안타까운 것은 많은 설교와 책이 이 땅에서부터 시작된 하나님 나라에 대한 깊은 고민을 담아내지 못한다는 것이다. 하나님 나라가 이 땅에서부터 시작되었다는 새로운 지식을 자랑할 뿐 그것이 어떤 의미가 있는지, 개인의 삶에 어떻게 적용해야 하는지, 우리의 신앙생활이 어떻게 달라져야 하는지에 대한 설명이 부족하다. 그래서 이 책은 다음과 같은 질문에서 시작되었다.

'도대체 하나님 나라가 지금 시작되었다는 것이 내게 어떤 의미인가?'

그리고 지금부터 이 질문에 대한 깊은 고민 속에서 찾은 답들을 말하고자 한다. 단, 글을 읽다 보면 영적인 것과 육적인 것을 이원론적으로 나누는 듯한 말이 등장하는데 이는 이 세계를 좀 더 정확하게 설명하고 그리스도인에게 이루어진 변화를 설명하기 위한 표현일뿐 영적인 것은 무조건 선하고, 육적인 것은 모두 나쁘다는 의미는 아니다.

영적인 영역과 육적인 영역의 각 특징을 구분해서 설명해야 명확하게 설명할 수 있기에 따로 구분해서 설명하는 것일뿐 결국 우리는 두 세계가 하나로 합쳐진 세상에서 살아가고 있으며, 우리도 영과 육이 하나된 몸을 가지고 살아가야 하는 존재이기에 영과 육을 이원론적으로 생각할 수는 없다.

영적인 삶도 영적이지 않은 모습으로 표현될 수 있으며 우리가 영적인 삶을 산다고 밥도 굶고, 잠도 안자고, 예배만 드리며 살아갈 수가 없다. 우리가 먹고 자고 느끼는 모든 것은 하나님께서 허락하신 것으로 성령님 안에서 누리고 절제한다면 육적인 즐거움도 선한 일이 될 수 있다.

아울러 이 책에서 하나님 나라에 대한 이야기를 하고 있지만, 하나님 나라는 우리의 상상과 지성을 뛰어넘는 곳으로 우리의 말과 글로는 다 표현해 낼 수가 없다. 그래서 이 글이 하나님 나라에 대한 깊은 고민 속에서 쓴 글이지만, 하나님 나라를 살아가는 방법의 일부분일 뿐 우리는 끊임없이 하나님 나라에 대해 고민하며 배우고 익혀야 한다는 사실을 반드시 기억해야 한다.

물론, 굳이 하나님 나라가 어떻다고 말하지 않아도 말씀과 기도 속에서 깊은 영성과 사랑으로 훌륭하게 하나님 나라를 살아가는 분들이 존재한다. 하나님 나라는 말에 있지 않고 능력에 있기 때문이다. 그런데도 혹시나 아직 신앙생활의 이유와 방향을 잡지 못해 방황하는 사람이 있다면 이 책을 통해 하나님께 이르는 바른길을 찾을 수 있었으면 하는 마음이다.

제1부

구원에 대해

제1장 구원에 대한 오해
1. 오해의 이유
2. 오해의 결과
3. 오직 믿음에 대한 오해

제2장 구원이란 무엇인가?
1. 죄로부터의 구원
2. 구원과 함께 시작된 하나님 나라
3. 하나님 나라의 원리에 적응하기

* * *

제1부에서 먼저 생각해 볼 것은 구원에 대한 이야기다. 우리가 흔히 구원받았다고 말할 때 떠올리는 이미지는 '천국'이다. 구원받았다는 말은 곧 '천국에 가게 될 것'이란 말로 인식이 된다.

이것은 구원에 대한 아주 부분적인 표현으로 그런 인식만 가지고 신앙생활을 하는 것은 마치 자기가 군대에 왜 왔는지, 군대에 오면 무엇을 해야 하는지, 군대가 무엇을 위해 존재하는 곳인지도 모른 채, 단지 2년만 지나면 전역을 할 것이라는 정보만 가지고 군 생활을 하는 것과 같다. 그런 상태로는 어떻게든 2년은 버텨 낼 수 있지만 전투를 제대로 치르는 군인으로 훈련된 상태라고 할 수는 없을 것이다.

우리의 신앙생활도 그렇다. 우리가 하나님 나라의 시민이자 영적인 군사로서 성장을 하고, 자기에게 주어진 사명을 잘 감당하기 위해서는 구원을 받는다는 것이 우리에게 어떤 변화를 가져온 것인지를 바르게 이해해야 한다.

그래서 제1부에서는 구원받았다는 것이 구체적으로 어떤 의미이며, 어떤 변화가 일어나는 것인지에 대해 말하고자 한다.

제1장

구원에 대한 오해

　구원에는 다양한 의미가 내포되어 있다. 통상적으로 구원을 말할 때는 하나님의 자녀로 받아들여졌다는 것, 하나님이 예비하신 천국에 가게 되었다는 것 그리고 그 천국에서 영원히 살게 된다는 등의 의미로 이해하게 된다. 구원에 관한 모든 의미가 중요하지만, 예수님께서 강조하고 싶어하셨던 핵심은 하나님 나라가 시작되었다는 것이다.

　하나님 나라가 시작되었다는 것은 성령님께서 인간에게 들어오심으로 인간이 하나님의 법에 순종할 수 있는 상태가 되었다는 것, 다시금 인간이 하나님께 온전히 순종하며 주님과 동행하는 하나님의 통치가 시작되었다는 것을 말한다.

　하나님 나라가 이미 시작되었다는 것은 우리에게 엄청난 변화가 시작되었다는 것을 의미한다. 예수님을 믿는 자 안에 들어오신 성령님으로 인해 우리는 하나님의 뜻과 계획을 이해하게 되었고, 하나님의 구원 계획에 동참할 수 있게 되었으며, 하나님과 함께 세상을 회복하기 위한 하늘의 권세와 복을 부여받게 되었다.

　따라서 우리는 사람들을 가르치고, 섬기며, 치유하시는 예수님의 사명을 그대로 이어가는 존재가 된 것이며, 세상을 치유하시고 회복시키고 변화시키는 성령님의 능력을 소유하게 된 것이다. 성령님이 오시기 전 범죄한 인간은 영적인 기능이 마비되면서 오직 본능을 좇아 먹고 마시고, 세상을 즐기는 것에만 집착하며 살아갈 수밖에 없는 존재로 전락하게 되었다.

그런데 이제는 하나님의 뜻을 이해하며 세상을 살리는 일에 동참하는 자로 살아갈 수 있게 되었다. 그리스도인에게 일어난 이런 변화는 우리가 상상하는 것 이상의 권한과 능력이 주어졌음을 의미한다. 문제는 우리가 사용하는 구원받았다는 표현이 하나님 나라의 시작보다는 다른 의미가 더 부각이 되어 사용된다는 것이다.

대개 사람들이 '나는 구원받았어'라고 말할 때, 자기가 하나님 나라를 소유했다는 생각을 가지고 말하지 않는다. 일반적으로 사람들이 말하는 구원은 '나는 이제 천국에 갈 것'이라는 의미에서 말하는 것이다. 이것이 우리 그리스도인의 구원에 대한 전형적인 생각이다.

그것이 구원의 확신과 영원한 생명에 대한 확신을 표현하는 말이긴 하지만 그것만으로는 우리에게 이루어진 변화의 의미와 은혜를 다 표현할 수가 없다.

1. 오해의 이유

사람들이 구원을 잘못 인식하게 된 이유는 무엇일까?

가장 큰 이유는 천국이라는 단어가 주는 이미지 때문이다. 천국이라는 단어는 마태복음에서 하나님 나라 대신 사용된 단어다. 대부분 복음서에서는 천국이라는 단어가 아닌 하나님 나라라는 단어를 사용했다. 그런데 마태복음에서 하나님 나라를 천국으로 바꿔서 사용했는데 그것은 마태복음이 유대인을 위해 쓰였기 때문이다.

유대인은 하나님의 이름을 '부르거나 쓰는 것'조차도 두려워했다. 그래서 하나님의 이름을 함부로 사용하지 않는 유대인을 위해 하나님 나라(Kingdom of God) 대신 천국(Kingdom of Heaven)이라는 단어를 사용해 복음을 전하고자 했다. 마태가 사용한 천국이라는 단어는 유대인뿐만 아니라 낙원에 대한 이미지에 익숙한 모든 사람에게 하나님 나라보다 더 유용하게 사용되어 오랫동안 사람들은 구원의 결과를 하나님 나라보다는 천국이라는 의미로 이해했다.

천국은 따로 설명하지 않아도 그곳이 어떤 곳인지에 대한 이미지가 쉽게 그려지고 그래서 꼭 가고 싶은 곳으로 여겨지게 만들기 때문이다. 천국이라는 단어는 전도를 위해 사용하기 좋은 단어였다. 하나님께서 예수 그리스도를 받아들이는 자들에게 모든 죄와 허물을 용서해 주실 뿐만 아니라 우리가 항상 꿈꾸며 갈망하는 환상의 장소에 이르게 해 주신다는 이미지를 더해 줄 수 있기 때문이다.

이렇게 사용된 천국이라는 단어는 하늘에 있는 나라라는 의미로 죽어서만 도달할 수 있는 곳, 이 땅의 삶과는 동떨어져 있는 곳이라고 생각하게 한다. 구원받아서 천국에 가게 되었지만, 그곳은 머나

먼 하늘에 있는 곳이기에 지금의 삶에는 전혀 영향을 미칠 수 없는 곳이라는 이미지가 자리잡게 된 것이다. 이런 이유로 천국이라는 단어와 이미지는 원래 성경이 말하는 하나님 나라의 의미를 퇴색시키며 하나님 나라라는 단어가 있어야 할 자리를 대체하게 되었다.

또한, 구원이라는 단어가 천국행 확정이라는 이미지로 각인된 것은 어렵고 힘들었던 한국의 상황과도 연관이 있다. 오랫동안 한국 교회 신앙의 강조점은 믿음과 확신에 있었다. 좀 더 구체적으로 말하면 구원의 확신이 있어야 한다고 강조해 왔다. 1970년대 한국 교회가 부흥할 당시 한국 사회는 먹고살기가 힘든 곳이었다. 가난과 굶주림 속에서 끊임없이 노동해야 하고, 불합리와 억울함 속에서 생존을 위한 몸부림을 쳐야 했다.

그런 세상을 살다 보니 자연스럽게 암울한 이 땅이 아닌 천국에 대한 소망을 강조하게 되고, 예수님을 믿은 후에도 마음과 태도가 변하지 않고 삶의 모습이 바뀌지 않아 불안해 하는 성도에게 구원의 확신을 강조하게 되었다. 그러다 보니 어느새 성도에게는 구원=천국이라는 공식이 각인되어 버렸다. 구원의 확신이 중요하지 않다고 말할 수는 없다.

구원의 확신이 있어야 하늘에 소망을 두고 이 땅에서 그리스도인답게 살 수 있으므로 구원의 확신은 반드시 점검되어야 할 부분이다. 문제는 구원 이후의 삶에 대한 강조 없이 구원을 확신하는 것에만 몰두한 나머지 예수님을 믿고 일어나는 결과를 천국을 보장받은 것으로만 생각하게 했다는 것이다. 다르게 표현하면 구원을 신앙의 종착점으로 여기게 만든 것이다. 앞에서 말한 것처럼 구원받음에는 다양한 의미가 담겨 있고, 그 다양한 의미를 배우며 하나님 앞에서 성장해야 하는 과제가 남아 있다. 그래서 구원은 새로운 삶의 시작이자 과정으로 이해되어야 하는데, 구원받으면 끝이라고 여겨지게 만든 것이다.

한국 교회는 2000년대부터 시작된 제자훈련의 바람이 불기 전까지 구원받은 후의 삶에 대해 그렇게 관심이 있지 않았다. 좀 더 정확하게 표현한다면 관심을 가질 수가 없었다. 당시에는 성도가 성경에 대해 구체적으로 배울 기회도 없었고 논리적으로 생각할 기회가 없었다. 하루하루 먹고사는 것이 중요한 문제였고, 고된 노동과 여러 가지 삶의 문제 속에서 다른 무언가를 배운다는 것을 생각하기 어려운 시기였다.

그래서 말씀을 깊이 묵상하며 삶에 적용하고, 내 안의 죄와 자아를 제어하는 훈련(점진적)보다는 뜨겁게 은혜받아 한방에 뒤집히는 것에 대한 사모함이 더 컸다. 사람들이 성령을 체험하며 변화되는 것을 보고 우선 와서 은혜받고, 구원받으면 된다고 생각을 한 것이다. 자연스럽게 사람들은 그렇게 은혜받아서 변화된 것으로 모든 것이 완벽하다고 생각했다.

한국 교회는 그렇게 뜨거움만 강조하며 양적인 성장을 하게 되었고, 그것이 공식이 되어 구원 이후에 다른 무엇을 해야 한다는 것에 대해 생각할 분위기가 형성되지 못했다. 성도에게 구원받는다는 것은 무엇을 의미하는 것인지, 구원받으면 어떻게 살아야 하는지에 대해서는 심각하게 고민하도록 가르치지 못한 나머지 성도는 구원받아서 천국에 가는 것 이외에 구원받은 자로서 무엇을 해야 하는지 알지 못하고 방황하게 되었다.

구원받을 때까지는 안내도 잘 받고 교육도 잘 받아서 구원받는 자리까지는 어려움 없이 오지만, 정작 그 이후에는 어떻게 하나님을 섬기며, 예수님을 따라 살아갈 수 있는지 안내를 받지 못해서 각기 자기 소견에 옳은 대로 행하며 사는 상황이 발생한 것이다.

안타깝게도 한국 교회는 열정적 신앙으로 엄청난 성장을 했는데도 타락하기 시작했고, 한국 교회 여기저기서 삐거덕거리는 소리가 나기 시작했다. 뜨거움을 경험해 변화된 마음이 평생의 삶을 붙잡을 줄 알았는데 그게 아니었다. 뜨거움이 사라지고 현실로 돌아오게 되면(비록 그 시간이 오래 지속된다고 하더라도) 그때부터 다시 이전 모습과의 싸움이 시작되고, 말씀 앞에 준비되지 못한 자기 모습 앞에서 당황하게 된다.

2. 오해의 결과

이렇듯 '구원받아서 천국에 가게 되었다'라는 표현의 구원 확신은 **신앙의 방종을 가져왔다.** 구원에 대한 확신은 나의 소망이 저 하나님 나라에 있다는 확신으로 땅의 것들을 포기하며, 남들보다 더 헌신하고 겸손하게 사는 모습으로 나타나야 한다. 내가 이제 새로운 존재가 되었고, 새로운 나라의 삶이 시작되었다는 것을 인식했기 때문이다.

그런데 그런 변화에 대한 인식 없이 오직 내가 천국에 들어가게 된다는 최종 결론에만 초점을 맞추는 사람들은 더 신앙이 나태해지고 죄를 짓는 것에 마음이 담대해진다. 죄 용서의 은혜, 영원한 삶에 대한 소망이 내가 어떤 죄를 지어도 나는 반드시 구원받을 것이라는 믿음으로 변하게 된 것이다.

인생을 자기 마음대로 살고, 하나님은 조금도 생각하지 않으면서 살아도 '나는 구원 열차 티켓이 있으니까 천국에 갈 수 있다. 구원 열차에서는 다시 내리지 않는다'는 생각으로 마음이 완고해진다. 그래서 성도는 구원에서 떨어지지 않는다고 배웠던 이 믿음을 가지고 이제는 **마음놓고 죄를 짓게 되었다.**

여기서부터 파생되는 문제들은 이루 말할 수 없다. 사람들은 하나님께서 은혜로 주신 회개마저도 입에 발린 거짓말과 위선으로 만들어서 예수님의 죽으심을 싸구려로 만들어 버렸다.

회개란 죄로 향하던 방향을 하나님께로 돌이키는 것을 의미한다. 내 욕심과 자아를 쫓아 살아가던 삶의 방향을 하나님께로 완전히 바꾸는 것을 말한다.

입으로만 잘못했다고 말하면 끝이 아니라 죄로부터 삶을 돌이키기 위해 죄와 싸우고, 죄를 뒤로하고 하나님께 나아가기 위한 몸부림이다. 그런데 구원받았음에 대한 확신은 어차피 나는 구원받을 것이기 때문에 그렇게 치열하게 죄와 싸우지 않아도 크게 문제가 되지 않는 것으로 생각하게 만들었다.

예배도 그렇다. 이미 구원받았기 때문에 지금 당장 주님을 찾지 않아도, 내가 이 예배 속에서 주님을 만나지 못해도 크게 문제 될 것이 없다. 지금 당장 주님을 경험하지 못해도, 결국 죽어서 하나님을 만나러 갈 것이기 때문이다. 그래서 예배에 대해 사모함도, 열정도 집중도 없는 것이다.

그냥 구원받았다니까 의례적으로 나오는 것이고 예배에 자꾸 빠지면 죽을 것처럼 겁주니까 나오는 것일 뿐 그 가운데 하나님과의 만남이나 삶을 드리는 진정함이 나타나지 않는다. 삶에서도 마찬가지다. 삶은 그냥 삶일 뿐 구원받은 자의 일상이 어떤 의미인지를 이해하지 못한다.

구원받은 자로써 나의 일상을 어떻게 받아들여야 하는지 또 하나님께서 왜 이런 환경과 일상을 허락하셨는지에 대한 이유를 찾으며 주어진 일상을 의미 있게 살아가려는 노력보다는 그저 많이 벌어서 잘 먹고, 잘 놀러 다니는 것을 삶의 의미로 생각하며 살아간다. 우리의 일상에 이루어지는 하나님 나라에 대해 고민도 관심도 없이 어쨌든 나는 결국 천국에 가게 될 것이라는 지나치게 소박한 믿음을 가지고 믿지 않는 사람들과 똑같은 모습으로 살아가고 있다.

한국 성도가 가진 소박한 믿음은 그들을 예수님의 제자로 만들기에는 역부족이었다. 많은 성도가 천국을 보장받은 하나님의 자녀로만 남기를 원했고 자기를 낮추며 섬기고 헌신해야 하는 하나님의 종이 되기는 거부했다. 그들은 그렇게 해도 충분히 구원을 얻을 수 있다고 배워 왔기에 그런 모습은 그리 이상하지 않은 신앙의 형태였다.

그렇게 나태한 생각을 가지고 하는 신앙생활은 교회 안에 여러 가지 폐단을 가져오게 되었다. 세상과 구별되어 하나님을 섬기고 영혼들을 섬기며 예수 그리스도의 사역을 이어가기 위해 구별된 그리스도인이 구원받은 목적에서 벗어나 물질을 사랑하고 자기 자신을 사랑하고, 자기 유익을 위해 교회를 이용하는 종교인으로 전락하게 되었다.

온 세상의 주인이신 하나님의 목적이나 하나님의 관심보다는 자기 자신이 원하는 것만 얻어 내기 위한 신앙생활을 하게 된 것이다. 그런 모습으로 변질해 가던 한국 교회는 숫자라는 거품 안에 병들어 가는 모습을 감추고 수십 년을 지나게 되었다. 화려하고 강력했던 한국 교회 성장의 상승세가 꺾이고 거품이 빠지면서부터 한국 교회는 바르게 성장하지 못한 본 모습을 드러내게 되었다.

하나님께서 한국 교회를 변화시키고 한국 사회를 변화시킬 만한 뜨거운 은혜를 주셨지만, 그 뜨거움을 유지할 훈련이 없었고 뜨거움의 감정들이 사라지고 난 후에 신앙을 바로 잡아가기 위한 준비를 하지 못한 채로 자기 본모습을 그대로 드러내는 광야로 던져지게 되었다.

이것이 사람들이 구원을 새로운 삶의 시작이 아닌 모든 것의 끝으로만 이해하게 만든 결과물이다. 한국 교회는 그동안 구원받은 것과 구원받은 확신에 대해 강조해 왔고, 그것 때문에 사람들은 구원을 단순하게 천국에 들어가게 된 것이라고만 생각하게 했다.

비록 그렇게 의도하지 않은 것이라 하더라도 사람들은 구원의 의미를 그렇게 받아들였고, 여전히 지금도 많은 사람이 자기가 받은 구원을 오해하며 잘못된 신앙생활을 하고 있다.

3. 오직 믿음에 대한 오해

구원에 대한 오해와 함께 그 연장선에서 심각하게 오해하는 것이 있는데, 그것은 '오직 믿음'이다. 오직 믿음으로라는 말에 대해 사람들은 상당한 오해를 가지고 신앙생활을 한다. 이 말이 하나님의 크신 은혜, 곧 그분의 공의와 사랑을 담고 있는 아주 중요하고 핵심적인 고백이지만, 인간은 이 은혜의 선물을 신앙생활을 느슨하게 하고 대충하기 위한 수단으로 변질시켜 버렸다.

신앙생활에서 하나님을 섬기기 위해 열심을 내며 하나님의 계명과 명령을 운운하는 것을 율법주의와 형식적인 신앙인 것처럼 인식하게 만든 것이다. 많은 그리스도인이 믿음이라는 명분을 내세워 하나님의 명령을 쉽게 저버려도 된다고 생각한다.

믿음은 아무런 자격이 없는 인간이 하나님께 받아들여지게 되는 은혜의 수단이다. 구원을 얻기 위해 인간이 할 수 있는 일이 아무것도 없기에 오직 예수님을 믿고 의지하는 것만으로 구원에 이르게 하시는 하나님의 은혜 장치다. 바울은 이 믿음에 대해 로마서에서 율법과 대조하며 설명한다.

사람이 율법을 지키는 것으로 의롭게 되는 것이 아니라 예수 그리스도를 믿는 믿음으로 의롭게 된다는 것을 강조한다. 예수님의 죽으심과 부활을 나의 죽음과 부활로 받아들임으로 이미 새로운 존재가 되었음에도 여전히 구약의 율법과 규례에 매여 다시 예전의 삶으로 돌아가려는 유대인을 향해 이제는 율법으로 의롭게 되는 것이 아니라 오직 믿음으로만 의롭게 되고, 믿음으로만 하나님께 받아들여진다고 말한 것이다.

우리가 예수님을 믿음으로 의로움을 얻게 된다는 이 말씀은 율법을 형식적으로 지키던 신앙의 모습에도 변화를 가져다주었다. 우리가 믿음으로 구원을 얻었고, 믿음을 통해 하나님께 나아갈 수 있기에 구약에서 요구하는 것 중 지키지 않거나 변형해서 지키는 말씀들이 있다. 예를 들면, 안식일 같은 경우 예수님께서 안식일의 주인이시고, 주일에 부활하셨기에 그 부활을 소망하며 안식일에 예배를 드리는 대신 주일에 모여 예배를 드린다.

또한, 구약에서 먹지 말라고 한 음식들을 먹는 것도 이제는 우리가 의롭게 되었기 때문이다. 이렇게 구약의 명령을 변형하는 것은 구약의 율법을 무시해도 되어서가 아니라 너무 형식에만 매달리게 되면 그 의미를 온전히 지킬 수 없기에 다른 방법들을 찾는 것이다.

예수님께서도 사역하시면서 구약에 기록된 율법을 어기는 경우가 종종 있으셨다. 많은 유대인이 이런 예수님의 사역을 보고 예수님께서 율법을 없애려고 한다고 주장했다. 그런데 예수님께서는 마태복음 5:17에서 이렇게 말씀하신다.

> 내가 율법이나 선지자를 폐하러 온 줄로 생각하지 말라 폐하러 온 것이 아니요 완전하게 하려 함이라(마 5:17).

예수님께서 하신 행동은 율법을 어기려는 것이 아니라 그것을 더 완전하게 하려는 데 목적이 있었다. 그것이 비록 율법의 형식을 어겨야 하는 방법이라 할지라도 기꺼이 그렇게 행동하셨다. 예수님께서 그렇게 하신 이유는 사람이 율법의 형식만 지킬 것이 아니라 그 의도를 제대로 지켜야 함을 보여 주시기 위해 그렇게 하신 것이다.

형식에만 매달려서 율법의 의미를 퇴색시키거나 하나님께서 명령하신 의도와는 관계없이 율법을 악용하지 말고 그 명령을 주신 하나님의 의도까지도 온전히 지켜야 할 것을 말씀하신 것이다. 예수님께서 안식일의 규례를 어기신 것은 안식일에 다른 일 하고 오락해도 된다는 것을 보여 주신 것이 아니다. 안식일에 하나님께는 전혀 관심도 없이 형식만 지키며 마당만 밟고 있는 사람들에게 하나님께서 원하시는 것이 무엇인지를 알고 순종하는 것이 안식일을 온전히 지키는 것임을 알려 주신 것이다.

그런데 이런 예수님의 요구가 인간의 악함 때문에 변질 되었다. 구약의 명령을 생략하고 변형할 수 있다고 하니까 그것을 악용한 것이다. 예수님께서 하신 것처럼 율법의 의미를 더 온전케 하려고 변형하지 않고, 자기가 좀 더 편하고, 자기에게 유리하도록 변형하고 생략했다.

그리고 이런 오해와 악용은 성도의 신앙을 방탕으로 이끌게 되었다. '오직 믿음'이라는 은혜의 고백은 어느새 하나님의 말씀을 무시하고 내 편의대로 신앙생활을 하고 싶을 때 사용하는 무기가 되어 버렸다. '나는 믿으니까 더 이상 율법에 얽매이지 않아도 된다'라고 생각을 하던 것이 '나는 믿음이 있으니까 율법을 융통성 있게 지켜도 된다'라는 생각으로 바뀌게 되었다.

더 나아가서 이 말이 신앙생활을 편하게 해도 된다고 생각하는 근거가 된 것이다. 그리고 이런 믿음은 내 마음대로 살아도 여전히 하나님을 내 편이라고 오해하며 사는 신앙의 괴물을 만들어 버렸다. 심각한 것은 이러한 생각이 어떤 특정한 사람에게만 있는 것이 아니라 많은 그리스도인에게 만연해 있다는 것이다. 교회를 섬기다보면 하나님의 말씀이 사람의 편의와 효율에 의해 변형되고 제한되는 경우를 보게 된다.

예배의 순서를 바꾸고, 신앙생활을 하는 방식을 결정하는 기준이 하나님을 더 사랑하고 집중하기 위해서가 아니라 얼마나 편하게 예배드릴 수 있고, 시간을 효율적으로 쓸 수 있는가에 의할 때가 많다. 몸이 편하고 효율적이어야 더 집중할 수 있다고 말할 수도 있지만 그러한 핑계로 정말 중요하게 여겨져야 하는 것이 무시될 때가 많다.

예를 들면, 성경은 성도가 함께 모이는 것이 너무 중요하고 하나님께 나아오는 것이 꼭 필요한 일이라고 말한다. 그런데 우리는 너무 많이 모이는 것, 너무 오래 모이는 것은 현대 사회의 흐름에 맞지 않는다고 생각한다. 하지만 함께 모여 예배하고 교제하며 서로를 위해 기도하는 것은 불완전한 그리스도인이 온전한 제자로 세워지기 위해 필수적인 과정이다.

또 기도의 시간을 늘리는 것, 하나님 앞에 머무는 시간이 늘어나는 것은 우리의 태도와 생각을 바꾸고 하나님께 초점을 맞추는 등의 영성 훈련에 아주 중요한 요소다. 이것은 효율의 문제가 아니라 집중의 문제이고 마음과 삶을 드리는 문제이기에 그 무엇으로 대체할 수가 없는 것이다.

그런데 우리는 효율적이지 않다는 이유로 하나님께 드리는 기도와 예배, 여러 가지 모임의 시간을 인스턴트로 만들어 버리는 경우가 허다하다. 우리가 말씀을 읽고 묵상하고 암송하는 것 역시 마찬가지다. 하나님의 말씀을 손목에 매고, 미간에 새기며, 문지방과 집 곳곳에 새겨서 늘 하나님의 말씀을 보고 묵상하고 말씀 속에 젖어 살도록 명령하신 분이 하나님이시다.

그런데 너무 말씀에만 시간을 쏟는 것은 비효율적이라는 핑계를 대며 하나님의 말씀에서 점점 멀어져 가고, 하나님의 말씀을 모른 채로 하나님을 섬기는 이상한 신자가 되어 가고 있다.

믿음은 그리스도인이 되기 위한 필수적인 요소이며 신앙생활 자체가 전부 믿음과 연결되어 있다. 믿음이 있다는 것은 하나님을 의지한다는 것이며, 하나님과 함께 살아간다는 것을 의미한다. 그래서 오직 믿음으로 사는 사람은 하나님을 가까이하고, 하나님께 더 시간을 드리며, 더 열정적으로 하나님을 섬기게 된다. 믿음을 강조하지만, 오히려 나태하고 편하게만 신앙생활을 하고 있다면 그것은 성경이 말하는 믿음에 대해 심각하게 오해하고 있다는 증거다.

우리가 혹시 하나님의 말씀을 순종하는 것과 신앙생활을 하는 모든 과정에서 하나님께 마땅히 드려야 할 시간과 마음을 쏟지 않기 위해 오직 믿음이란 명목으로 회피하려 한다면 그것은 우리의 신앙이 하나님과 멀어져 가며 병들어 가고 있는 중이라는 사실을 기억하며 내 믿음과 신앙의 태도가 어디서부터 잘못되었는지 돌이켜보아야 할 것이다.

🌿 묵상을 위한 질문

1. 사람들이 구원에 관해 오해하게 된 이유는 무엇이며 그 결과는 무엇인가?
2. 구원은 신앙의 종착점이 아니라 신앙생활의 시작점이며 과정으로 이해되어야 한다는 것에 대한 당신의 생각은 어떠한가?
3. 예수님께서도 율법을 그대로 지키지 않은 경우가 있으셨는데 그 이유는 무엇인가?

제2장

구원이란 무엇인가?

우리가 이렇게 신앙생활을 오해하는 이유는 우리에게 이루어진 구원이 어떤 것인지 바르게 이해하지 못했기 때문이다. 그래서 우리가 이런 오해를 풀고 바른 태도로 신앙생활을 하려고 한다면 가장 먼저 구원받았다는 것의 의미가 무엇인지를 알아야 한다. 지금부터는 우리에게 주어진 구원이 무엇인지 그리고 그것이 우리의 삶에 어떻게 영향을 미치는지를 살펴보도록 하겠다.

1. 죄로부터의 구원

우리가 흔히 말하는 구원은 죄로부터의 구원을 말한다. 궁극적으로는 하나님의 나라가 이루어지는 것, 하나님 나라에서 영원히 살게 되는 것을 말하지만 그것의 시작은 죄로부터 구원받는 것에서 이루어진다. 마태복음 1:21에서는 예수님의 탄생에 관해 말하면서 예수님에 대해 "그가 자기 백성을 그들의 죄에서 구원할 자"라고 설명하고 있다.

아들을 낳으리니 이름을 예수라 하라 이는 그가 자기 백성을 그들의 죄에서 구원할 자이심이라 하니라(마 1:21).

이 구절은 하나님 나라를 이루기 위한 예수님의 사역이 인간을 죄에서 해방하는 것으로부터 출발한다는 것을 보여 준다. 예수님이 왜 우리를 죄에서부터 구원하고자 하셨는지에 대한 질문은 아주 기본적인 질문이지만 우리가 구원받은 존재로 어떻게 살아야 하는지를 되새기게 만드는 아주 중요한 질문이다.

하나님은 인간을 흙으로 만든 육체에 하나님의 영을 부으셔서 생령으로 만드셨다. 육체와 영으로 조합된 영적인 존재로 만드신 것이다. 하나님의 영을 받아 영적으로 기능하도록 창조된 인간은 영으로 하나님과 교제하며 주님이 주시는 풍성한 은혜와 채우심을 경험하며 살 수 있었다.

에덴동산에서 아담과 하와가 하나님과 교제하며 모든 것을 누릴 수 있었던 것처럼 말이다. 에덴동산이 특별한 것은 그 장소가 어떤 장소여서가 아니라 인간이 하나님의 법, 하나님의 명령에 순종함으로 하나님과 친밀한 교제가 가능하다는 것이었다. 그런데 인간이 범죄 해서 인간의 영이 죽어 버렸고 그로인해 하나님과의 관계가 단절되었다. 죄로 인해 에덴동산에서의 특별한 삶을 잃어버린 것이다.

성경이 수많은 인물과 사건을 말하고 있어서 인간에게 복합한 문제가 있는 것처럼 보이지만 그러한 문제의 근원은 하나님과의 단절이다. 다르게 말하면 모든 문제가 죄로 인해 영이 죽어 버린 것에서부터 시작된다는 것이다. 이 문제는 우리의 생각보다 심각하게 작용한다. 그냥 죄는 나쁘니까 버려야 한다는 수준으로 말할 수 없다.

인간의 영이 죽어 버리면서부터 인간은 하나님이 주신 특별함을 잃어버렸고, 본능을 좇아가는 삶 이상의 것을 생각하지 못하는 존재가 되었다. 우리가 별거 아니라고 생각하는 죄 하나하나가 하나님과 함께 사랑하며 살도록 창조된 인간을 먹고사는 문제에만 이끌려 살아가는 사탄의 노예, 본능의 노예로 전락하게 만든 것이다.

인간의 죄로 영이 죽어 버린 결과는 두 가지 측면에 생각할 수 있다. 하나는 영이신 하나님과의 연결이 단절되어 버렸다는 것이다. 죄는 하나님과의 관계를 단절시켜서 하나님을 외면하고 나 중심적으로 살게 만든다.

> 그들이 그날 바람이 불 때 동산에 거니시는 여호와 하나님의 소리를 듣고 아담과 그의 아내가 여호와 하나님의 낯을 피하여 동산 나무 사이에 숨은지라 여호와 하나님이 아담을 부르시며 그에게 이르시되 네가 어디 있느냐 이르되 내가 동산에서 하나님의 소리를 듣고 내가 벗었으므로 두려워하여 숨었나이다(창 3:8-10).

죄로 인해 인간은 영이 죽고 육체로만 기능하게 되었다. 그 결과로 인간은 하나님과 바르게 소통하지 못하고 우리의 보호자가 되시는 하나님을 두려워하게 되었다. 모든 것을 공급하시는 하나님 안에서 만족을 누리며 살도록 창조된 인간이 하나님을 외면하는 비극을 맞이하게 된 것이다. 하나님과 인간 사이를 막는 이 죄의 문제가 이 세상의 수많은 문제를 발생시켰다.

> 또한 그들이 마음에 하나님 두기를 싫어하매 하나님께서 그들을 그 상실한 마음대로 내버려 두사 합당하지 못한 일을 하게 하셨으니 곧 모든 불의, 추악, 탐욕,

악의가 가득한 자요. 시기, 살인, 분쟁, 사기, 악독이 가득한 자요 수군수군하는 자요 (롬 1:28-29).

하나님과의 관계가 단절된 인간은 옳은 것을 찾지 못해 방황하며 자기 욕심을 따라 살아가게 되었고 이로 인해 강도, 강간, 살인, 가난, 전쟁과 같은 일이 일어나게 되었다. 자기가 하나님이 되어서 마음대로 결정하면서 하나님과의 관계가 무너지고 인간의 욕심으로 자연환경도 훼손되고 하나님이 정해 놓으신 윤리적인 선도 넘어서게 된 것이다.

인간이 영적으로 기능할 수 없어서 생기는 또 하나의 문제는 하나님이 만드신 영적인 원리를 무시하게 된다는 것이다. 『카이로스: 하나님의 시공간』의 저자 고성준 목사는 그의 책에서 이 세상에는 보이는 세상의 원리가 존재하듯이 보이지 않는 세계의 영적인 원리도 **존재한다고 이야기 한다**. 보이는 세상에는 일정한 원리가 있다. 중력의 법칙이라든지 인간이 살아가기 위해서는 산소가 필요하다든지 생명을 유지하기 위해 영양분이 공급되어야 한다는 등의 이 세상을 지배하는 일정한 원리가 존재한다.

마찬가지로 영적인 세상에도 이러한 일정한 원리가 존재하는데, 이 영적인 원리를 설명해 놓은 것이 성경이다. 성경이 말하는 계명 중에는 도둑질하지 말라, 살인하지 말라와 같이 우리가 윤리적으로 이해되는 계명도 있지만 제사법이나 먹지 말아야 하는 음식 등 이해하지 못하는 부분도 존재한다. 그것은 모두 이 세상의 원리를 따른 것이 아니라 영적인 원리를 따라서 생겨난 계명이기 때문이다.

하나님께서는 우리가 보이는 세상뿐만 아니라 보이지 않는 영적인 세계를 동시에 살아가도록 성경을 통해 영적인 원리들을 가르쳐 주신다.

우리는 보이는 세상의 원리를 무시하며 살 수가 없다. 이 땅에서 작동하는 원리를 무시하면 문제가 생긴다. 모든 인간에게는 산소가 필요하다. 그러나 그런 원리를 무시하고 장시간 물에 들어가서 나오지 않거나, 코를 막고 있으면 뇌에 문제가 생기거나 몇 분이 지나지 못해 죽음에 이르게 된다.

이 세상에는 중력의 법칙이라는 원리가 작동하는데, 그것을 무시하고 높은 곳에서 뛰어내리게 되면 몸이 다치거나 죽게 되는 것은 당연한 원리이다. 이러한 원리들은 이 세상을 살아가는 누구도 피할 수가 없다. 영적인 원리도 마찬가지다. 하나님께서 만드신 영적인 세계가 존재하기 때문에 영적인 세계를 살아가기 위한 영적인 원리가 있고 이것들을 무시하게 되면 그로 인해 우리의 영에 문제가 생기게 된다.

그리고 영에 생긴 문제는 반드시 보이는 세계에도 영향을 미친다. 영적인 세계와 보이는 현실은 하나로 연결되어 있기 때문이다. 불행하게도 인간은 죄로 인해 영이 죽고 육체로만 기능하게 되면서 이런 영적인 원리를 이해할 수 없게 되었고 영적인 원리에 무지한 채로 살게 되었다.

인간이 보이지 않는 세계의 영적인 원리를 무시하며 살아간 대가로 질병과 가난과 같은 문제가 찾아오게 되었고 마음의 우울함이나 정신적인 문제를 겪으며 살게 되었다.

이렇듯 모든 문제가 죄 때문에 인간의 영적인 기능을 잃어버린 것에서부터 나타나기에 하나님께서는 죄의 문제를 해결하셔서 인간을 다시 영적인 존재로 만들고자 하셨다. 예수님의 죽음과 부활을 통해 우리의 죄를 대속하시고, 예수님을 믿는 모든 사람에게 성령님을 보내 주셔서 영적인 존재로 살아가게 하신 것이다.

그래서 구원은 단순히 '죄를 용서하셔서 우리가 천국에 가게 되었다'는 것으로만 인식되면 안 되고, '죄로부터 구원받아 영적인 존재로 다시 태어났다'라고 인식해야 한다.

그는 허물과 죄로 죽었던 너희를 살리셨도다(엡 2:1).

그리스도인은 자기가 구원받은 결과로 영적인 존재가 되었다는 사실을 잊어버리면 안 된다. 영적인 존재가 되었다는 사실에서부터 우리가 겪게 되는 모든 변화와 은혜가 설명되기 때문이다. 그리스도인이 구원받아 영적인 존재가 되었다는 사실을 간과하면 신앙생활은 구원받고 천국행 티켓을 받은 것에서 모든 것이 끝나는 것으로 받아들여진다.

그러나 우리가 구원받은 순간부터 영적인 존재로 변화 받았다는 사실을 기억하면 구원은 모든 영적인 삶이 시작되는 시작점으로 받아들여질 수 있다. 육신으로는 아무리 나이가 많아도 예수님을 믿는 순간부터 모든 사람은 영적인 신생아로 다시 태어난다. 그래서 모든 그리스도인은 예수님을 믿은 이후 영적인 삶을 살기 위한 준비를 해야 한다.

아이가 태어나면 어른이 될 때까지 성장해야 하고, 성장하는 과정에서 세상의 원리를 배우고, 사회성을 익히며 여러 가지 기술을 배워야 한다. 마찬가지로 영적으로 새롭게 태어난 그리스도인도 이 땅에서 영적인 존재로 살아가기 위한 성장을 해야 하고, 영적인 원리를 배우고, 영적인 활동을 위한 훈련을 해야 한다.

그렇게 영으로 살아가는 방법을 훈련함으로 영적인 힘과 원리를 가지고 보이는 세상의 한계와 죄를 이기며 살아가는 것이 그리스도인의 삶이다.

안타깝게도 많은 그리스도인이 이러한 점을 간과한다. 예수님을 믿어서 구원받은 것으로 모든 것이 끝난 것처럼 여긴다. 자기가 영적인 존재가 되었다는 사실을 알지 못해서 영적인 삶에 대해 이해하지도 못하고 영적인 것에 관심도 없다. 영적인 것에 대한 것은 어떤 특별한 은사를 가진 사람들의 말이지, 자기와는 관계가 없다고 생각한다.

그래서 예수님을 믿고 새로운 존재가 되었음에도 여전히 자기에게 아무 일도 일어나지 않은 것처럼 살아간다. 물론, 이러한 사람이 정말 구원받은 자라고 할 수 있는지에 대해서는 고민이 필요하다. 구원은 예수님을 나의 구주와 나의 하나님으로 고백한 자에게 주어지는 것이기 때문에 구원받은 자에게는 새로운 삶을 살아가기 위한 노력이 따라올 수밖에 **없다**.

스스로 예수님을 믿는다고 말은 하지만 이제 내가 하나님을 위해 어떤 삶을 살아야 하는지 관심도 없고 아무런 노력도 없는 사람이라면 그 사람은 자신이 진심으로 예수님을 삶의 주인으로 고백했는지를 돌아보아야 한다.

그러나 진실로 그렇게 고백하며 예수님을 영접한 사람 중에서도 자기가 이제 어떤 존재가 되었으며 하나님이 무엇을 원하시는지를 배우지 못해 방황하는 사람들이 존재한다. 자기가 성령님과 함께 새로운 존재가 되었다는 사실을 알지 못해서 열정이 식어버리고 결국 세상 사람처럼 돈에 이끌리고 세상을 즐기는 향락에만 이끌려 살아가는 것이다.

심지어 예배를 드리고 함께 기도하는 것이 자기에게 어떤 의미인지 이해하지 못해 예배를 무시하고 기도와 찬양 그리고 말씀을 읽는 경건 생활을 등한시하기도 한다. 주변에서 교회 다니는 사람은 반드시 예배드리고 성경도 읽고 기도 모임에 참여해야 한다고 닦달해서 마지못해 참여는 하지만 언제든지 빠질 핑계만 생기면 그 지루한 시간을 피하고 싶어 한다.

자기가 성령님을 통해 영적인 존재가 되었다는 사실과 그리스도인이 하는 모든 신앙생활이 하나님과 함께하는 영적인 활동이라는 사실을 깨닫지 못했기 때문에 나타나는 현상이다. 그리스도인이 예배를 드리는 것은 물론 기도하고, 봉사하고, 헌금하는 것 등 하나님을 의지해서 살아가는 모든 일상이 다 하나님과 함께하는 영적인 활동이다.

우리가 노래방에서 찬양을 부르지 않는 것은 찬양은 음악으로 하나님과 교제하는 영적인 활동이기 때문이다. 또한, 셀 모임이나 목장 모임도 하나님 안에서 영적인 교제와 섬김이 일어나는 영적인 활동이다.

교회의 모임은 먹고 마시고 즐기는 세상의 모임과는 근본적으로 성격이 다른 것이다. 그런데 이런 인식이 없으니까 그리스도인이 본능을 따라 세상의 원리를 가지고 살아가는 사람들과 같은 모습으로 살아가는 것을 이상하게 여기지 않고, 목장 모임을 술집에서 진행하는 기이한 일이 벌어지는 것이다.

이것이 다 우리가 구원받아 영적인 존재가 되었다는 사실과 그리스도인의 영적인 삶에 대해 제대로 가르치지 못한 결과이다. 우리는 이런 실수를 반복하지 않기 위해 예수님을 믿고 성령님을 통해 영적인 존재가 되었음을 항상 되새겨야 하고, 예수님을 믿음으로 우리에게 어떤 영적인 변화가 일어났는지를 바르게 이해해야 한다.

 묵상을 위한 질문

1. 인간의 영이 죽음으로 나타난 결과는 두 가지 측면에서 나타나는데 무엇인가?

2. 우리에게 이루어진 구원은 어떻게 인식이 되어야 하며, 그런 인식은 어떤 과제를 가져다 주는가?

3. 그리스도인이 하는 예배와 소그룹, 찬양 등 모든 신앙생활이 영적인 활동이라는 말에 대해 어떻게 생각을 하는가?

2. 구원과 함께 시작된 하나님 나라

우리가 죄에서 해방되어 영적인 존재가 될 수 있는 것은 성령님께서 예수님을 믿는 각 사람에게 들어오시기 때문이다. 성령님을 통해 영의 기능이 회복된 인간은 하늘의 복과 권세, 곧 영적인 힘을 얻게 되었고 그 힘으로 세상을 이기고 전진하며 하나님의 뜻을 이루어 가게 되었다.

영적인 존재로 변화된 그리스도인은 성령님을 통해 우리가 이전에 생각하지 못한 수많은 일을 할 수 있게 되었다. 예수님께서는 요한복음 14:12에서 영적인 존재로 변화 받은 그리스도인의 가능성에 대해 이렇게 말씀하신다.

> 내가 진실로 진실로 너희에게 이르노니 나를 믿는 자는 내가 하는 일을 그도 할 것이요 또한 그보다 큰일도 하리니 이는 내가 아버지께로 감이라 (요 14:12).

예수님께서는 요한복음 14장에서 제자들에게 예수님이 가시면 보혜사 성령님을 보내 주셔서 영원히 그들과 함께 있도록 하실 것이라고 말씀하신다. 그리고 12절에서는 나를 믿는 자는 예수님이 하는 일을 하게 될 것이라고 말씀을 하신다. 예수님을 믿는 모든 사람은 믿는 자에게 임하시는 성령님을 통해 예수님께서 하신 일을 하게 된다는 것이다.

여기서 말하는 "내가 하는 일"은 예수님께서 이 땅에서 하신 사역들 곧, 영혼들을 치유하시고 구원하신 일들을 말한다. 이제는 성령님을 통해 예수님의 모든 사역이 예수님의 제자들에게 위임되어 예수님과 같이 기적을 일으키고 영혼을 구원하는 자로 살아갈 수 있게 된 것이다.

이렇듯 구원받았다는 것은 죽어서 천국에 가게 되는 것 이상으로 이 땅에서부터 엄청난 변화가 시작되었음을 의미한다. 그리고 이런 영적인 변화는 이 땅에서 이미 하나님 나라가 시작되었다는 사실을 보여 준다. 성경은 성령님을 통해 하나님 나라가 이미 시작되었다고 말한다.

> 그러나 내가 하나님의 성령을 힘입어 귀신을 쫓아내는 것이면 하나님 나라가 이미 너희에게 임하였느니라(마 12:28).

예수님께서는 **하나님 나라가 마지막 때에 임하는 것이 아니라 이미 그들 가운데 임했다고 선언하고 계신다.** 성령님의 능력이 그들 가운데 나타나는 것이 하나님 나라가 시작되었다는 증거가 된다는 것이다. 인간이 잃어버린 하나님 나라, 곧 에덴에서의 삶을 회복시켜 주고자 하신 하나님의 계획이 성령님을 통해 이미 시작되었고 성령님을 의지하며 살아가는 모든 사람에게는 하나님 나라의 능력이 주어진다.

그러나 모든 사람이 하나님 나라를 경험하며 살아가는 것은 아니다. 예수님을 믿으면서 영적인 기능이 회복되었지만 모든 사람이 성령의 능력을 사모하며 살아가고, 영적인 힘과 원리에 의지해서 살아가는 것은 아니다. 앞에서 말한 것처럼 많은 그리스도인이 영적인 삶에 대해 무지해 세상 사람이 살아가는 모습 그대로 살아간다.

하나님 나라가 무엇인지, 하나님 나라를 어떻게 적용할 수 있는지에 대해 알지 못하고 관심도 없이 악한 사탄이 쥐고 흔드는 세상에 휘둘려서 지옥 같은 삶을 꾸역꾸역 살아간다.

우리가 그런 허망하고 무능력한 삶에서 벗어나 하나님께서 주시는 참된 만족과 기쁨, 평안 속에서 살아가기를 원한다면, 이제는 우리에게서 시작된 하나님 나라가 무엇인지를 배우면서 하나님께서 우리에게 선물하고자 하신 삶을 적극적으로 쟁취해야 한다.

하나님 나라라고 하면 앞에서 말한 것처럼 흔히 죽어서 가는 천국, 하늘에 있는 나라를 생각한다. 궁극적으로는 맞는 말일 수 있지만 하나님 나라를 그렇게만 이해하면 하나님 나라가 말하는 핵심적인 부분을 놓칠 수 있다. 우리는 하나님께서 이 땅에서부터 하나님 나라를 시작하신 것에 주목해야 한다. 하나님께서는 우리가 하늘에 있는 나라만 바라보며 살지 않고 이미 시작된 하나님 나라가 주는 힘을 의지해서 세상과 죄를 이기며 살기를 바라셨다.

하나님께서 우리에게 허락하신 하나님 나라는 하늘에 있는 나라보다 더 적극적인 개념이다. 하나님 나라는 장소의 개념이라기보다 상태의 개념으로 이해되어야 한다.

> 바리새인들이 하나님 나라가 어느 때에 임하나이까 묻거늘 예수께서 대답하여 이르시되 하나님 나라는 볼 수 있게 임하는 것이 아니요 또 여기 있다 저기 있다고도 못하리니 하나님 나라는 너희 안에 있느니라(눅 17:20-21).

예수님의 이 말씀은 하나님 **나라**를 어떤 특정한 장소로 이해할 수 없다는 사실을 말해 준다. 성경에서 말하는 하나님 나라는 하나님의 통치가 일어나는 곳, 하나님의 법이 통하는 곳이다. 하나님께서 하나님의 백성을 다스리시고, 하나님의 백성은 하나님께 온전히 순종하는 그런 상태가 되는 것을 하나님 나라가 임하는 것으로 표현하고 있다.

그래서 예수님께서는 성령님께서 역사해서 사람들 가운데서 능력으로 일하시는 것을 보시면서 하나님 나라가 이미 시작되었다고 말씀하셨다. 이제는 곧 그런 성령님의 역사가 각 사람에게 임하게 될 것이기 때문이다.

천국은 성령님을 통해 이미 우리에게 시작이 되었고, 우리는 그런 하나님의 나라를 이 땅에서부터 적극적으로 쟁취하며 살아가야 한다. 이렇게 시작된 하나님 나라는 우리 안에서 점점 확장되고 예수님이 오시는 마지막 날에 완성된 형태, 곧 새 하늘과 새 땅으로 주어지게 된다.

하나님 나라가 하나님의 통치가 일어나는 곳, 하나님의 법이 통하는 곳이라는 개념은 하나님 나라의 특성을 잘 표현해 주는 말이지만 여전히 추상적이다. 조금 더 구체적으로 **설명하면 하나님의 통치가 일어난다는** 것은 우리의 영으로 하나님과 소통하며 하나님의 뜻과 계획, 하나님의 마음을 이해하고 하나님께 순종하게 된다는 것을 의미한다. 또 하나님의 법이 통한다는 것은 하나님께서 정해 놓으신 영적인 원리를 이해하고 그 원리에 따라 살아갈 수 있게 되었다는 것을 의미한다.

단순하게 말하면 영적인 기능이 회복되어 하나님께서 정해 놓으신 영적인 계획과 원리대로 살아가는 영적인 삶이 시작되었다는 것을 말하는 것이다.

어떤 이는 하나님 나라에 대한 이야기를 뭔가 대단하고 특별한 것으로 생각하고 지금까지의 이야기를 뻔한 것으로 대수롭지 않게 취급할 수도 있다. 영적인 삶에 대해 하나님과 교제하는 삶에 대해서는 우리가 익히 들어왔던 말이기 때문이다.

그러나 그것을 어느 정도 들어서 아는 것과 원리를 이해하는 것이 다르고, 또 이해하는 것과 그것을 살아내는 것은 다르다. 이론이 실제가 되기까지는 수많은 시행착오와 그것을 이루기 위한 고뇌가 필요하기 때문이다.

영적인 삶도 마찬가지이다. 영적인 삶에 대해 어느 정도 들어서 아는 것으로는 충분하지 않다. 하나님과 소통하는 방법, 하나님의 음성을 듣고 뜻을 이해하는 방법에 대해 배워야 하고, 하나님이 정해 놓으신 영적인 원리를 이해하기 위해 끊임없이 성경을 읽고 묵상하며 씨름해야 한다.

성경은 영적인 삶의 유일한 지침서다. 우리는 성경을 통해서만 영이신 하나님을 알고 하나님의 뜻을 이해할 수 있으며, 성경을 통해 하나님께서 어떠한 영적인 원리로 이 세상을 운영해 가고 계신지를 배울 수가 있다.

기도를 통해도 영적인 경험을 하지만, 그것도 하나님의 말씀을 아는 사람들에게 주시는 은혜이며, 그런 영적 체험도 결국 성경 안에서 해석되어야 한다. 그리고 하나님의 말씀을 통해 영적인 원리를 깨닫고, 하나님의 뜻을 이해한다고 끝이 아니다. 그것을 살아내는 것은 정말 어려운 일이다. 평생을 이 세상의 원리와 방법을 가지고 살아가는 것에 익숙해져 있는 우리가 하루아침에 영적인 방식으로 삶을 바꾼다는 것은 쉬운 일이 아니다.

성령 체험을 하거나 큰 은혜를 받은 사람들도, 한번에 삶의 방식과 원리를 바꿀 수 있는 것이 아니다. 그 뜨거움을 가지고 꾸준히 영적인 원리와 방법대로 살아가는 것을 연습하고 도전하는 이런 훈련의 과정을 거쳐야만 하나님 나라를 살아가는 온전한 그리스도인으로 완성될 수 있다.

그리스도인이 그렇게 하늘의 법, 영적인 원리를 적용하며 살아가면 성령님으로부터 영적인 힘, 하늘의 권세, 하나님 나라의 만족과 기쁨이 주어진다. 세상의 것으로는 얻을 수 없고, 세상이 이해할 수도 없는 내적인 힘과 평안이 성령님으로부터 주어지는 것이다.

> 평안을 너희에게 끼치노니 곧 나의 평안을 너희에게 주노라 내가 너희에게 주는 것은 세상이 주는 것과 같지 아니하니라 너희는 마음에 근심하지도 말고 두려워하지도 말라(요 14:27).

그리스도인은 이런 영적인 힘을 가지고 세상을 살아가며 세상을 이기는 자들이다. 세상에서 말하는 힘을 가지고는 절대로 세상을 당해 낼 수 없다. 오히려 그들과 같이 세상에 휩쓸리게 된다. 그리스도인이 세상과 다르게 살아가고 세상의 빛이 되고 길을 만들어 낼 수 있는 이유는 세상과 다른 특별한 힘, 하나님으로부터 오는 힘을 소유했기 때문이다.

모든 그리스도인은 이런 은혜 속에서 살아갈 수 있도록 하나님 나라를 살아가는 법을 배우고 익히며 적극적으로 하나님 나라를 살아가기 위한 훈련을 해야 한다.

1) 하나님 나라를 살아간다는 것!

이 세상은 눈에 보이는 세계와 보이지 않는 영적인 세계로 이루어져 있다. 보이는 세계와 영적인 세계는 하나로 이어져 있으므로 우리가 인식하든 못하든 두 세계를 동시에 살아가게 된다. 다만 영적인 기능이 마비되어 한쪽을 인식하지 못하기 때문에 영적 세계에 대해 무지하거나 영적인 세계를 부인하는 것이다.

이 두 가지 세계는 각각 자기 세계에서 통하는 원리와 법칙을 가지고 있다. 하나님 나라를 살아간다는 것은 이 두 세계를 동시에 살아가면서 보이는 세계의 원리를 선택하지 않고 하나님 나라의 원리, 곧 영적인 원리를 선택하며 살아간다는 것을 의미한다. 우리가 보이는 세상에 발을 딛고 살아가지만 보이는 세상의 것들을 따라가지 않고 영적인 방법과 원리를 가지고 영적인 삶을 살기로 결정하는 것이다.

그러면 영적인 원리와 방법을 선택한다는 것은 어떤 것일까?

주일학교 때 많이 불렀던 찬양 중에 이런 내용이 있다.

> 사랑은 참으로 버리는 것 버리는 것 버리는 것
> 사랑은 참으로 버리는 것 더 가지지 않는 것
> 이상하다 동전 한 닢 움켜잡으면 없어지고
> 쓰고 빌려주면 풍성해져 땅 위에 가득하네.

이 찬양은 주일학교 찬양이지만 깊고 신비한 영적인 원리에 관해 말하고 있다. 사랑은 참으로 버리는 것이라고 말하면서 동전을 더 가지려고 움켜잡으면 없어지고 오히려 쓰고 빌려주면 풍성해진다고 고백한다. 이것은 이 세상에서 통하는 일반적인 상식이 아니다.

이 땅에서 모으는 법칙은 쓰고 빌려주는 것이 아니다. 쓰고 나눠 주고 필요한 사람들에게 모두 빌려주면 거지꼴을 못 면한다. 부자가 되기 위해서는 계획적으로 저축해야 하고 그것을 잘 굴려서 돈이 돈을 모으게 만들어야 한다. 남에게 빌려주고 나눠 주고 할 틈이 없다. 이것이 이 땅의 원리로 살아가는 방법이다.

그러나 영적인 원리는 다르다. 영적인 원리는 사랑의 마음으로 사람들에게 나누어 주고 빌려준다. 어떻게 모을까를 고민하면서 어떻게 나누어 줄까도 함께 고민한다. 내가 돈을 버는 이유가 사랑을 위한 것이고, 그렇게 살기로 선택할 때 하나님께서 채우실 것을 믿기 때문이다.

또 하나님께서 하나님의 뜻대로 사용하고 나누어주는 사람에게 더 많은 것을 맡기신다는 것을 알기에 모으고 쥐고 있어야만 쌓이는 세상의 원리를 포기하고 나눠 주고 빌려주며 섬기는 사랑의 원리를 선택하는 것이다. 이것이 하나님 나라의 원리다.

이런 영적인 원리들은 성경의 곳곳에 등장한다. 이삭은 가는 곳마다 우물을 파는데, 우물을 팔 때마다 시비가 붙게 된다. 당시 그 지역에서 우물은 굉장히 중요한 자원이었다. 우물을 파는 것 자체가 쉬운 일이 아니기 때문이기도 하지만 우물은 부족원들의 생명 줄이었고 그래서 우물은 곧 권력이기도 했다.

그런데 이삭은 시비가 붙을 때마다 싸우지 않고 우물을 그냥 넘겨준다. 싸움 대신 다른 곳으로 이동해서 또다시 우물 파기를 선택한 것이다. 이것은 이 세상의 원리와는 다른 것이다. 세상의 원리는 약한 자의 것을 빼앗고, 내 것을 빼앗는 사람과 피 터지게 싸우며 내 것을 지키는 것이다.

그러나 이삭은 싸울만한 힘이 있었음에도 힘의 원리를 포기하고 양보와 평화의 원리, 곧 영적인 원리를 선택한 것이다. 이러한 모습은 예수님에게서도 찾을 수 있다. 예수님은 자기를 고발하고 심문하는 모든 사람의 말에 반박하고 말로 그들을 이기실 수 있었지만 그렇게 하지 않으셨다.

세상의 원리는 억울한 것은 그대로 갚아 주어야 하며 합리적인 논리로 다른 사람을 눌러 이겨야 한다고 가르친다. 그런데 예수님은 그런 세상의 원리를 거부하고 침묵하셨다. 희생과 죽음으로 사람을 살리는 영적인 원리, 고난과 순종 뒤에 영광을 주시는 하나님의 원리를 선택하셨기 때문이다.

바울은 사역자로서 사례비를 받지 않기로 하면서 하지 않아도 되는 장막 만드는 일을 자처해 고생했다. 이 역시 세상의 원리와는 다른 것이다. 세상의 원리는 최대의 효율을 선택한다. 사례비를 받으면 일할 시간에 말씀을 연구하고, 사람들을 한 명이라도 더 만나는 등 시간을 효율적으로 활용할 수 있다.

그러나 바울은 그런 세상의 원리를 버리고 덜 자고 더 고생하는 헌신의 원리, 고난의 원리를 선택한 것이다. 그리스도인은 이런 영적인 원리를 선택하며 사는 사람들이다. 우리가 다시 영적인 존재가 되었고 보이는 세상과 영적인 하나님 나라 중 어디에 속해 살아갈 것인지를 선택할 수 있는 존재가 되었기 때문이다.

우리는 두 세계를 동시에 살아가고 있기에 두 세계의 원리와 법칙 중 어떤 것이든 선택할 수 있고, 어떤 것을 선택하든 우리가 선택하는 대로 현실의 삶에 영향을 미치게 된다. 세상의 원리를 선택하며 살아가는 만큼 우리에게서 세상의 모습, 세상의 힘, 죄의 권세가 영향을 미칠 것이고 영적인 원리를 선택하는 만큼 우리에게서 하나님 자녀의 모습, 하늘의 권세, 세상을 이기는 영적인 힘이 나타나게 될 것이다.

로마서 14:17에서는 영적인 원리로 살아가는 사람에게 주어지는 영적인 만족에 관해 말한다.

> 하나님 나라는 먹는 것과 마시는 것이 아니요 오직 성령 안에 있는 의와 평강과 희락이라(롬 14:17).

이 구절은 하나님 나라를 살아간다는 것이 무엇인지를 잘 표현해 주고 있다. 바울은 그리스도인이 살아가는 하나님 나라는 세상의 즐거움 곧, 먹는 즐거움으로 사는 것이 아니라 영적인 기쁨 곧, 성령 안에서 나타나는 의와 평강과 희락을 가지고 사는 것이라고 말한다.

이 세상의 즐거움은 먹는 것과 마시는 것이다. 미각을 자극하고 포만감을 느끼는 것, 곧 감각적인 즐거움을 누리는 것을 말한다. 맛있는 음식을 통해 즐거움을 느끼고 포만감을 통해 안정감과 행복감을 느끼며 사는 것은 이 땅을 살면서 누리는 즐거움 중 하나다. 이런 감각적인 즐거움을 통해 만족과 힘을 얻는 것은 하나님께서 인간에게 누리게 하신 중요한 원리 중 하나다.

> 사람마다 먹고 마시는 것과 수고함으로 낙을 누리는 그것이 하나님의 선물인 줄도 또한 알았도다(전 3:13).

그러나 영적인 기쁨은 이것과는 다르다. 영적인 기쁨은 미각의 즐거움 때문에 만족하기도 하지만 단순히 감각이 충족되어서 즐거워하는 것이 아니다. 맛있는 음식 자체가 기쁨이기도 하지만, 그것 때문에만 기뻐하지 않는다. 맛있는 음식을 먹으면서 나에게 맛있는 음식을 주신 하나님께 감사하고, 인간에게 맛의 즐거움을 느끼게 하신 하나님의 세밀한 은혜에 감격하는 것이다.

인간이 무엇이라고 하나님께서 이렇게까지 세밀하게 만드셨는지, 내가 뭐라고 이렇게 날마다 나를 만족할 것들로 채워 주시는지 감격하며 감사하는 것이 영적인 기쁨과 만족이다. 이 땅의 즐거움, 미각을 자극하는 즐거움으로 살아가는 사람은 미각을 충족시키는 자극이 사라지면 즐거움도 사라진다. 더 이상 나를 즐겁게 해 줄 것이 없으니 삶을 살아가는 낙도 없어지고, 나보다 더 맛있는 것을 먹는 사람들을 보며 자기 연민과 분노, 불평, 불만에 빠지게 된다.

또한, 반대로 맛의 즐거움, 감각의 즐거움을 계속 느낄 수 있는 여건에 있는 사람도 잠시동안 행복할 수 있을지 몰라도 그 즐거움이 지속되지 않는다. 감각의 즐거움은 늘 더 큰 자극을 갈망하기 때문이다.

그래서 더 나를 즐겁게 해 줄 자극적이고, 쾌락적인 것들을 찾으며 그것에 집착하게 된다. 이것은 이 땅의 원리로 살아가는 사람들이 특별히 나쁜 생각을 해서 그런 것이 아니다. 자기 삶을 망치기 위해 열심히 노력해서 그런 것도 아니다. 이것은 영적인 기능을 잃어버려서 선한 것을 찾을 수 없는 인간의 어쩔 수 없는 비참한 운명을 보여 주는 것이다.

하지만 영적인 기쁨을 누리는 사람들은 입을 만족시키는 음식이 사라져도 기쁨이 사라지지 않는다. 기쁨의 근거가 음식이 아니라 하나님께 있기 때문이다. 비록 맛있는 고기와 랍스타를 날마다 먹지 못할지라도 지금 먹는 것에 만족하고 먹을 것을 주신 하나님께 감사하며, 우리를 돌보시는 하나님께 감격하게 된다.

지금 세대의 사람들은 아무리 못 먹어도 라면은 먹고 산다. 이 땅의 즐거움으로만 사는 사람들은 라면만 먹고 살아야 하는 자기 처지를 **비관한다**. 라면의 영양이 부족하거나 맛없는 음식이어서가 아니다. 라면 보다 더 맛있는 것을 먹으며 살아가는 사람들이 눈에 보이고, 나보다 더 많은 것을 누리고 살아가는 사람들이 눈에 보이기 때문이다.

그런데 영적인 기쁨을 가지고 살아가는 사람들은 라면을 먹으면서도 감사하고 행복하다. 아무리 가난하고 어려워도 이렇게 맛있는 라면을 먹을 수 있다는 사실에 감격하게 된다. 이렇게 영적인 만족을 기대하며 살아가는 사람들은 작은 것에도 은혜로 알고 하나님께 감사하며 지금 **나에게 필요한 것을 채우신** 하나님께서 끝까지 내 삶을 지키시고 채우실 것을 기대하기에 소망을 가지고 당당하게 살아갈 수 있게 된다.

물론, 이런 영적인 기쁨은 '기뻐해야지!'라고 마음을 먹는다고 누릴 수 있는 것이 아니다. 영적인 기쁨과 만족은 세상의 원리와 방법을 뒤로하고 성령님을 따라 행하며 영적인 방법과 영적인 원리를 선택하는 자에게 성령님을 통해 주어지는 것이다.

> 스스로 속이지 말라 하나님은 업신여김을 받지 아니하시나니 사람이 무엇으로 심든지 그대로 거두리라 자기의 육체를 위하여 심는 자는 육체로부터 썩어질 것을 거두고 성령을 위하여 심는 자는 성령으로부터 영생을 거두리라(갈 6:7-8).

세상의 원리와 방법을 선택하며 살아가면 돈이 주는 즐거움, 직장을 얻어서 생기는 즐거움, 승진하는 기쁨, 사람들을 만나고 먹고 마시며, 여행을 다니는 즐거움이 주어진다. 교회에 나오지 않고 그 시간에 잠을 자면 덜 피곤한 상태로 일주일을 보낼 수 있다. 교회 나올 시간에 장사하면 그만큼 수익이 더 생기고 그 시간에 자격증을 따면 취업할 기회나 승진할 기회가 많아지는 것은 당연하다.

반면에 영적인 원리와 방법을 선택하며 살아가면 예배드리고 봉사하고 헌금하는 만큼 더 피곤하고 재정이 부족하게 된다. 주일에 교회에 시간을 쓰면서 친구들과의 관계에서도 문제가 생길 수 있고, 술을 마시지 않거나 정직하게 일을 하겠다고 고집부리면 승진의 기회를 놓칠 수도 있다. 이것이 하나님께서 정해 놓으신 이 세상의 법칙이요, 자연의 이치다.

그러나 그렇게 영적인 방법과 원리를 선택하는 우리에게는 하나님이 주시는 위로와 감격, 하나님께서 채우시고 돌보아 주시는 것에 대한 감사가 주어지고 세상을 이기고 나를 이기는 영적인 능력을 얻을 수 있다. 세상이 주는 기쁨은 환경에 영향을 받아서 쉽게 없어지지만, 영적인 기쁨과 만족은 상황과 관계없이 얻을 수 있으며 환경을 이기게 만드는 힘으로 작동하게 한다. 이것이 하나님 나라가 주는 기쁨과 평안을 누리며 살아가는 삶이다.

2) 모든 씨보다 작은 것이로되

하나님 나라가 주는 힘은 여기서 그치지 않는다. 분명히 세상의 방법과 원리를 선택한 사람들이 더 많이 모으고 더 많이 누리고 더 편하고 여유롭게 사는 것으로 보이는데, 그들의 힘과 즐거움은 한계가 있고 오래가지 못한다. 여행을 가서도 짜증이 나고 승진하면서도 가정의 불화가 끊이지 않는다.

대궐 같은 집에 살면서도 외로움에서 벗어날 수 없고 아무리 많은 것을 가져도 허망함을 채울 수가 없다. 인간은 영적인 채움을 통해서만 온전한 기쁨과 만족을 얻을 수 있도록 창조되었기 때문이다. 반면에 하나님 나라의 영적인 원리와 방법을 선택하는 사람들은 당장은 손해를 보고 피곤하며 모든 것을 잃어버리는 것 같은 느낌을 받게 된다.

그러나 결국은 영적인 지혜와 힘으로 상황을 극복해 나가게 되며 영적인 성품과 인격으로 사람들을 모으고 재정을 모으며 세상의 힘까지도 얻게 된다.

왜 이런 일이 일어나는가?

영적인 세계와 보이는 세계가 하나로 연결되어 있으며 보이는 세계는 영적인 세계의 지배를 받기 때문이다. 그것이 영적인 것들이기에 보이는 세상에 현상으로 나타나기까지 시간이 걸릴 뿐이지 결국 보이지 않는 영적인 힘이 보이는 세상의 힘을 이기게 된다.

물론, 성령님을 의지하며 영적인 삶을 산다고 모두가 부자가 되거나 사람들이 모이는 것은 아니다. 하나님께서 성령님을 의지하며 하나님의 뜻을 이해하는 자들에게 하나님의 일을 맡기시기 때문이다.

그래서 성령충만하지만 오히려 가난 속에서 살아가는 사람도 있다.

분명한 것은 영적인 힘을 의지하며 살아가는 자는 하나님으로부터 오는 평안과 기쁨, 상황을 이기는 힘으로 세상을 이기며 살아가게 된다는 것이다. 그러나 세상 사람은 이런 원리를 이해할 수도 받아들일 수도 없다.

> 육에 속한 사람은 하나님 성령의 일들을 받지 아니하나니 이는 그것들이 그에게는 어리석게 보임이요, 또 그는 그것들을 알 수도 없나니 그러한 일은 영적으로 분별 되기 때문이라(고전 2:14).

위 구절에서 말하듯이 영적인 기능이 마비된 사람들은 눈에 보이는 것 외에 더 나은 것을 생각할 수 없기 때문이다. 세상에 돈과 권력보다 더 힘 있는 것이 존재한다는 것을 상상할 수 없다. 사람을 죽이기도 하고 살리기도 하고 사람을 조종하며 내 마음대로 살 수 있게 해 주는 돈을 포기하고 다른 것을 선택하는 것은 말도 안 되는 일이다.

또 과학 이외의 기술과 지혜를 생각할 수 없다. 달을 정복하고 세상을 편하고 풍요롭게 만드는 기술을 포기하고 다른 지혜를 말하는 것은 지극히 어리석은 일이다. 그래서 세상 사람은 영적인 원리를 가지고 살아가는 그리스도인을 이해하지 못한다. 그리스도인을 유별난 사람, 편협한 사람, 사회에 적응하지 못하는 사람이라고 비난하고 미워하기까지 한다.

그래서 영적인 원리로 살아가고 하나님 나라의 방법을 가지고 살고자 하는 사람은 이런 비난과 조롱, 세상의 미움을 각오해야 한다.

예수님께서도 하나님의 자녀가 되어 하나님 나라의 시민으로 살아가는 제자들이 세상에서 미움을 받게 될 것이라고 말씀하셨다.

> 너희가 세상에 속하였으면 세상이 자기의 것을 사랑할 것이나 너희는 세상에 속한 자가 아니요 도리어 내가 너희를 세상에서 택하였기 때문에 세상이 너희를 미워하느니라 (요 15:19).

> 형제들아, 세상이 너희를 미워하여도 이상히 여기지 말라 (요일 3:13).

그리스도인은 보이지 않는 영적인 세계를 보면서 살아가기에 세상 사람의 눈에는 당연히 이상한 사람으로 보일 수 있다. 아무리 설명해도 이해시킬 수가 없고 보이지 않는 세계를 보여 줄 수도 없다. 우리가 할 수 있는 일은 그럴 수밖에 없는 상황을 인정하고 모든 것을 아시는 하나님을 바라보며 우리의 삶으로 영적인 세계를 증명해 가는 것이다. 그런데 그리스도인의 삶은 그렇게 끝나지 않는다.

> 또 비유를 들어 이르시되 천국은 마치 사람이 자기 밭에 갖다 심은 겨자씨 한 알 같으니 이는 모든 씨보다 작은 것이로되 자란 후에는 풀보다 커서 나무가 되매 공중의 새들이 와서 그 가지에 깃들이느니라 (마 13:31-32).

예수님은 하나님 나라는 점점 자라나 모든 것이 깃들일 만한 나무가 될 것이라고 말씀하신다. 하나님 나라의 영적인 원리로 살아가는 삶은 세상 사람의 눈에는 지극히 미련한 것처럼 보인다. 그리스도인에게서 세상 사람이 기대할 만한 어떤 것도 보이지 않기 때문이다.

실제로 처음 영적인 원리를 적용하고 영적인 힘을 의지하며 살 때는 아무것도 일어나지 않는 것처럼 보인다. 그런데 그러한 힘에 익숙해지고 그러한 삶이 계속 쌓여 갈수록 영적인 힘이 더 단단해지고 더 분명해져서 결국 영적인 힘이 우리의 보이는 현실에도 영향을 미치게 된다. 이때부터는 그리스도인이 하나님의 뜻을 행하고 세상을 회복시키는 영향력 있는 존재로 살아가게 된다. 하나님께 순종하며 주님과 동행하는 삶을 통해 성령님의 지혜와 능력이 삶에 나타나기 때문이다. 이런 영향력은 점점 커져서 모든 것에 미칠 만하고 모든 사람이 깃들일 만한 사람으로 성장하게 된다. 이런 그리스도인의 삶을 바울은 이렇게 표현하고 있다.

> 진리의 말씀과 하나님의 능력으로 의의 무기를 좌우에 가지고 영광과 욕됨으로 그러했으며 악한 이름과 아름다운 이름으로 그러했느니라 우리는 속이는 자 같으나 참되고 무명한 자 같으나 유명한 자요. 죽은 자 같으나 보라 우리가 살아 있고 징계를 받는 자 같으나 죽임을 당하지 아니하고 근심하는 자 같으나 항상 기뻐하고 가난한 자 같으나 많은 사람을 부요하게 하고 아무것도 없는 자 같으나 모든 것을 가진 자로다(고후 6:7-10).

모든 그리스도인은 하나님 나라가 주는 힘을 가지고 모든 것을 이기고, 모든 것을 견디고, 모든 사람을 아우르고, 모든 사람에게 소망을 주며, 모든 사람에게 바른길을 제시 할 수 있는 가능성을 가진 사람들이다. 우리가 이런 삶을 사느냐 아니면 구원받아 영적인 존재가 되었음에도 세상 사람과 전혀 다르지 않은 모습으로 살아가느냐는 우리가 무엇을 선택하며 살아가느냐에 달려 있다.

우리가 이 땅의 것을 포기하고 하늘의 것, 곧 영적인 원리와 하늘의 법칙을 선택하며 살아가면 세상에서는 보잘것없는 모습으로 비칠 수 있다. 이 땅에서 힘이라고 말하는 것들을 포기했기 때문이다. 그래서 때로는 자기가 어느 것 하나 내세울 것 없는 하찮은 존재로 여겨지기도 한다. 그러나 성경은 믿음으로 영적인 원리를 선택하며 살아가는 자들에게는 반드시 세상이 감당할 수 없는 영적인 능력과 권위가 주어지고 세상이 줄 수 없는 기쁨과 평안이 주어질 것이라고 약속한다.

우리는 이러한 약속을 붙잡고 믿음의 불모지를 향해 뛰어들어야 한다. 뛰어들기 전까지는 아무것도 보이지 않아 불안과 두려움이 영적인 것을 선택하지 못하도록 방해할 것이다. 그러나 그 두려움 뒤에 무엇이 기다리고 있는지를 성경을 통해 미리 알려 주신 하나님을 신뢰하며 믿음의 발걸음을 떼면 우리는 하나님 나라의 무한한 가능성으로 들어가게 될 것이다.

혹시 두려움과 불확실성 때문에 아무것도 도전하지 못하고 있다면 그 사람은 하나님 나라가 자기 삶에 이루어지는 것을 스스로 제한하고 있는 것이다. 아무것도 하지 않으면 불안하지도 않고 몸이 편할 수는 있다. 그러나 도전하지 않는 자에게는 우리가 꿈꾸고 소망하는 그 어떤 일도 일어나지 않는다. 하나님의 은혜는 앉아서 일이 이루어지기만을 기다리는 자에게 주어지는 것이 아니라 부족함과 두려움 속에서도 하나님을 신뢰하며 도전하는 자에게 주어진다는 사실을 기억하며 하나님 나라를 향해 전진해 가는 믿음이 필요하다.

우리는 뒤로 물러가 멸망할 자가 아니요 오직 영혼을 구원함에 이르는 믿음을 가진 자니라(히 10:39).

3) 무한한 가능성과 무지 사이

모든 그리스도인은 구원받고 영적인 삶을 회복한 이후부터 하나님 나라가 주는 힘을 가지고 우리가 상상 못한 삶을 살아갈 가능성을 갖고 있다. 바울과 같이 대단한 사람들만 하나님께 붙들려 하나님의 일에 사용되는 것이 아니다. 하나님 앞에서는 성령님을 모시고 살아가는 모든 그리스도인에게 그런 가능성이 열려있다.

앞에서 말한 것처럼 예수님께서는 성령님이 제자들에게 오시면 제자들도 예수님과 같은 삶을 살게 될 것이라고 말씀하셨다. 그러나 안타깝게도 모든 사람이 그런 삶을 사는 것은 아니다. C.C.C.(한국대학생선교회) 성경공부 교재에는 이런 예화가 있다.

한 가난한 청년이 유람선 여행을 위해 열심히 아르바이트해서 유람선 여행을 떠나게 된다. 청년은 여행 기간 식당에서 음식을 사 먹을 돈이 없었기 때문에 유람선 여행 기간 먹을 건빵을 준비해서 배에 탄다. 청년은 유람선 여행을 시작하면서 행복했지만, 그 행복은 오래가지 못했다. 일주일 내내 건빵만 먹고 있었던 청년이 건빵에 질려버렸기 때문이다. 청년은 건빵을 먹으면서 호화스러운 레스토랑에서 맛있는 음식을 즐기고 있는 사람들을 볼 때마다 부러움을 느꼈다. 청년은 결국 배의 선장에게 찾아가서 무슨 일이든 시키는 일을 할 테니 저곳에서 한 끼만 식사하게 해달라고 요청했다. 그러자 선장이 이렇게 대답했다.

"당신은 뱃삯을 지불하고 들어온 것이 아닌가요?

그 뱃삯에는 배 안의 모든 식당을 이용할 수 있는 비용이 이미 다 포함되어 있습니다."

청년은 자기가 지불하고 얻은 뱃삯이 어떤 의미인지를 전혀 모르고 일주일을 부러움과 배고픔 속에서 여행했다. 자신이 꿈에 그리던 유람선 여행을 하게 되었다는 기쁨도 잠시뿐이고 금방 다시 초라함에 빠지게 되었다. 이미 많은 것을 누릴 수 있는 자격이 있음에도 자신이 가지고 있는 것이 무엇인지를 제대로 알지 못해서 이러한 상황이 발생한 것이다.

이 교재를 공부하면서 이런 바보 같은 일이 쉽게 일어나는 일은 아니라고 생각했다. 그런데 이런 일이 남의 일이 아니다. 이미 많은 그리스도인이 이런 삶을 살고 있다. 구원받은 우리에게 어떤 가능성이 주어졌는지를 제대로 이해하지 못해서 아무것도 받지 못한 것처럼 살아간다.

그래서 영적인 삶, 영적인 원리, 영적인 기쁨과 능력 등 영적인 것에 대한 무지 때문에 왜 예배를 드려야 하는지도 모르고 기도와 말씀을 통해 어떤 일들이 일어나는지도 모른 채로 신앙생활을 하고 있다.

예수님을 믿고 성령님이 함께하시면서부터 엄청난 능력을 부여받았고 인생에 엄청난 변화가 시작되었는데, 여전히 세상의 힘과 즐거움을 느끼고 살아가는 세상 사람을 부러워하며 그들을 따라 살아가고 있다. 하지만 구원받은 우리는 그렇게 살아갈 수 없다. 우리는 구원받음과 동시에 세상과 다른 모습으로 세상을 변화시키며 살아갈 힘을 얻었기 때문이다. 모든 그리스도인 안에 함께하시는 성령님으로부터 모든 것을 도전하고 돌파하고 이루어 낼 수 있는 가능성을 부여 받은 것이다.

그래서 바울은 빌립보서에서 이런 고백을 할 수 있었던 것이다.

> 내게 능력 주시는 자 안에서 내가 모든 것을 할 수 있느니라(빌 4:13).

우리가 대단한 존재여서가 아니라 우리 안에 성령님께서 들어오셨기에 성령님의 능력으로 우리에게 찾아오는 문제를 이기고, 나아가 세상 속에서 하나님의 뜻을 이루고 사람들을 변화시키는 존재로 살 수 있는 것이다.

그래서 모든 그리스도인은 자기가 성령님을 모시고 살아간다는 것이 어떤 의미가 있는지, 자기에게 어떤 능력이 주어진 것인지를 바르게 이해해야 하고, 하나님이 주신 능력을 가지고 세상에서 어떤 삶을 살아야 하는지를 고민해야 한다.

성령님을 통해 영적인 분별력을 가지고 빛과 소금으로 살게 하신 그리스도인이 세상에서 제 역할을 하지 못한다면 이 세상은 영적인 기능이 마비된 채로 고장 난 배처럼 급속하게 가라앉아 버릴 것이다. 하나님께서는 구원받은 그리스도인에게 성령님의 능력을 주시면서 함께 모든 사역과 계획도 위임하셨기 때문이다. 하나님께서 우리에게 하나님 나라를 시작하신 이유가 이것 때문이다. 하나님께서는 그리스도인에게 주어진 이 사명을 하나님 나라가 주는 새로운 힘과 능력을 가지고 감당하도록 하셨다.

그리스도인이 성령님과 동행하면서 성령님이 주시는 능력으로 이 세상의 모든 사람을 품고 변화시키는 존재로 살아가게 하신 것이다.

그렇기에 우리는 적극적으로 하나님 나라의 원리를 선택하며 영적인 힘으로 세상을 치유하고 회복시키는 예수님의 사역에 동참해야 한다.

> 세례 요한의 때부터 지금까지 천국은 침노를 당하나니 침노하는 자는 빼앗느니라 (마 11:12).

하나님 나라는 적극적으로 두드리고 찾으며 침투하는 자에게 주어진다. '구원받았으니까 하나님께서 알아서 하시겠지' 하는 마음으로는 아무것도 얻을 수 없다. 오히려 사단의 좋은 먹잇감이 될 뿐이다. 우리는 하나님 나라의 원리가 무엇인지를 찾고, 배우고 익혀야 한다.

하나님 나라의 원리를 적극적으로 선택하고 하나님 나라의 방법을 적용하며 하나님 나라를 쟁취해야 한다. 그런 마음으로 하나님 나라를 사모하는 자에게 하나님 나라가 주어지게 되고, 하나님 나라의 힘이 더 강화되고 하나님께서 더 많은 것을 맡기실 것이다.

묵상을 위한 질문

1. 예수님께서는 제자들이 자기가 한 일보다 더 큰 일을 할 수 있게 될 것이라고 말씀하셨는데, 어떻게 그것이 가능한가?

2. 하나님 나라를 살아간다는 것은 영적인 원리와 방법을 선택하며 살아가는 것을 의미한다. 이렇게 영적인 원리를 선택하는 자에게 하나님께서는 무엇을 주시는가?

3. 하나님 나라를 살아가는 사람이 세상 사람에게 받는 대우는 어떠하면 그 결국은 어떻게 나타나는가?

3. 하나님 나라의 원리에 적응하기

지금까지 말한 것을 통해 이미 시작된 하나님 나라가 무엇인지, 하나님 나라를 살아가는 것이 무엇인지 어느 정도 감을 잡았을 것이다. 하지만 감을 잡은 정도로는 부족하다. 한 사람이 다른 나라로 이민 갔을 때 그 나라의 문화와 법이 어떤지 대충 감을 잡은 것으로는 그 나라에 적응해서 살 수가 없다. 새로운 나라의 법을 하나하나 배워야 하고 그 나라의 문화와 언어, 그 나라의 전통 등 수많은 것을 이해해야만 그 나라의 시민으로 적응해서 살아갈 수가 있다.

우리는 새로운 나라, 곧 하나님 나라의 백성으로 다시 태어난 사람들이다. 하나님 나라가 무엇인지, 하나님 나라의 원리가 무엇인지 대충 감을 잡고 몇 가지 원리를 알았다고 하나님의 백성답게 살 수 있는 것이 아니다. 영적인 세계에 적용되는 수많은 영적인 원리와 법칙을 찾아서 배우고 그것에 익숙해지는 과정을 거쳐야만 적극적으로 하나님 나라를 살아가는 그리스도인이 될 수 있다.

예수님께서는 제자들에게 하나님 나라의 백성이 살아가야 할 영적인 원리를 가르쳐 주셨다. 특별히 마태복음 5장부터 시작되는 산상수훈은 하나님 나라를 살아가기 위한 영적인 원리의 집약이라고 할 수 있다. 산상수훈은 아직 하나님 나라의 원리가 무엇인지 그것을 어떻게 찾아가야 하는지 이해하지 못하는 제자들이 스스로 하나님 나라의 영적인 원리를 찾고 이해하며 그것을 배울 수 있도록 일종의 가이드라인을 만들어 주신 것이다.

1) 팔복

팔복은 하나님의 백성이 살아야 할 영적 원리의 모델이라고 할 수 있다. 성경에는 우리가 찾고 배워야 할 영적인 원리가 많은데, 예수님께서는 그 중 핵심적인 몇 가지를 팔복을 통해 설명하시면서 하나님 나라의 영적인 원리가 어떤 것인지 이해할 수 있도록 하셨다.

> 예수께서 무리를 보시고 산에 올라가 앉으시니 제자들이 나아온지라 입을 열어 가르쳐 이르시되 심령이 가난한 자는 복이 있나니 천국이 그들의 것임이요 애통하는 자는 복이 있나니 그들이 위로를 받을 것임이요 온유한 자는 복이 있나니 그들이 땅을 기업으로 받을 것임이요 의에 주리고 목마른 자는 복이 있나니 그들이 배부를 것임이요 긍휼히 여기는 자는 복이 있나니 그들이 긍휼히 여김을 받을 것임이요 마음이 청결한 자는 복이 있나니 그들이 하나님을 볼 것임이요 화평하게 하는 자는 복이 있나니 그들이 하나님의 아들이라 일컬음을 받을 것임이요 의를 위하여 박해를 받은 자는 복이 있나니 천국이 그들의 것임이라 나로 말미암아 너희를 욕하고 박해하고 거짓으로 너희를 거슬러 모든 악한 말을 할 때에는 너희에게 복이 있나니 기뻐하고 즐거워하라 하늘에서 너희의 상이 큼이라 너희 전에 있던 선지자들도 이같이 박해하였느니라(마 5:1-12).

예수님께서는 심령이 가난한 자, 애통하는 자, 온유한 자, 의에 주리고 목마른 자, 긍휼히 여기는 자, 마음이 청결한 자, 화평하게 하는 자, 의를 위해 핍박받는 자에 대해 말씀하신다. 예수님께서 언급하신 사람들의 상황은 그리스도인이 적용해야 할 영적인 원리에 대한 것이다.

이 땅의 원리는 돈과 권력을 가지고 사람들의 관심과 존경을 받는 사람이 되라고 말한다. 또 넉넉하게 먹고 마시며 즐기는 기쁨이 가득하고, 낮은 자리보다는 경쟁에서 이겨 높은 자리에 앉는 것을 복이 있는 사람이라고 말한다. 그런데 예수님께서는 그것과 전혀 상반되는 원리를 말씀하신다.

하나님 나라의 백성은 세상의 것으로 부요해지기보다는 하나님 앞에서 겸손하고 부드러운 마음을 유지하기 위해 마음이 가난해야 한다. 하나님께서 마음이 가난한 자, 겸손히 하나님의 얼굴을 구하는 자에게 은혜를 베푸시기 때문이다.

또한, 미디어가 주는 즐거움과 먹을 것이 주는 즐거움으로 치장하기보다는 나의 죄에 대해 아파하고, 죽어가는 영혼들에 대해 아파하며 하나님의 마음이 있는 곳에 나의 마음을 두어야 한다. 그리스도인은 잠시 죄를 통해 낙을 누리는 것보다 고난 후에 주시는 영광을 기대하며 사는 사람들이기 때문이다.

이어지는 말씀들도 동일하다. 세상은 싸우고 이기며 남을 밟고 일어설 것을 가르치지만 영적인 원리는 온유하고 긍휼히 여기며 살기를 선택하는 것이다. 이것이 예수님께서 제자들에게 가르쳐 주고 싶어 하신 영적인 원리다.

예수님께서 언급하신 것 외에도 우리가 적용해야 할 영적인 원리들이 많지만, 예수님께서는 그것들을 일일이 다 가르쳐 주지 않으셨다. 대신에 성령님을 통해 영적인 눈을 뜨게 된 우리가 스스로 영적인 원리들을 이해하고 하나씩 찾아가며 몸으로 배울 수 있도록 가이드라인을 보여 주신 것이다.

예수님께서는 이렇게 세상의 원리를 포기하며 살아가는 자들에게는 하나님의 특별한 은혜가 주어질 것이라고 말씀하신다. 그들은 천국을 얻게 되고 위로를 얻으며 긍휼히 여김을 받고 하나님을 보게 될 것이다. 영적인 원리를 적용하며 사는 자들은 이 땅의 힘과 즐거움을 포기하고 하나님 나라를 살아가기로 했기 때문에 이제는 하나님 나라가 주는 평안과 만족을 누리게 되는 것이다.

예수님께서 팔복에 말씀하신 삶의 모습은 세상의 원리와는 거리가 멀다. 복이라고 부르기보다는 소외되고 버림받고 힘이 없고 연약한 상태, 아무도 가까이 하지 않는 자의 모습이라고 할 수 있다. 그런데도 우리가 영적인 원리와 방법을 선택할 수 있는 것은 영적인 원리로 살아가는 자들에게 영적인 힘, 영적인 위로와 채움이 주어지기 때문이다.

예수님께서 팔복을 통해 하나님 나라의 원리에 대한 모델을 제시해 주신 것은 우리가 배워야 할 영적인 원리가 깊고 넓기 때문이다. 모든 그리스도인은 하나님 나라의 시민이 되었다. 새로운 나라의 시민이 된다는 것은 꽤 많은 것을 배우고 익히며 오랜 시간을 거쳐야만 하는 일이다. 단지 구원받았다는 사실에만 머물러 있다면 하늘의 시민권은 있지만 그 권리와 힘을 제대로 누리지 못한 자로 살아가게 될 것이다.

그래서 우리는 예수님께서 가르쳐 주신 원리를 배우고 익히는 것에 적극적이어야 한다. 팔복으로부터 시작해 영적인 원리가 어떤 것인지에 대한 감을 충분히 익혀야 한다. 반복된 묵상과 훈련으로 영적인 원리에 대한 개념이 생겼다면 이제는 성경 전체를 읽어 가면서 하나님께서 우리에게 알려 주고 싶어 하시는 영적인 원리를 찾아가야 한다.

이렇게 영적인 원리를 배우고 새롭게 찾아가며 그것을 적극적으로 적용하려는 노력 속에서 우리의 삶은 하나님 나라에 더 깊이 잠겨가게 되며 하나님 나라가 주는 능력으로 물들게 될 것이다.

2) 더 나은 의

예수님께서는 율법에 대해서도 말씀하신다. 율법 역시 이 세상의 원리를 따른 것이라고 할 수 있다. 율법은 영적인 기능이 마비된 인간을 위한 장치다. 영적인 기능이 마비되어 무엇이 선한 것인지 판단할 수 없고, 어디까지가 안전한지를 깨달을 수 없는 사람들에게 율법을 통해 넘지 말아야 할 선을 정해 주고 할 일을 지정해 주셨다.

이 율법은 이해가 돼서 지키는 것은 아니다. 율법에 적혀 있는 것은 그냥 그렇게 하는 것이고, 그냥 하지 말아야 하는 것이다. 그래야 하나님의 진노를 피할 수 있고, 하나님 백성의 삶을 유지할 수 있기 때문이다.

그런데 예수님은 이 율법의 의미를 확장하신다.

> 내가 너희에게 이르노니 너희 의가 서기관과 바리새인보다 더 낫지 못하면 결코 천국에 들어가지 못하리라(마 5:20).

서기관과 바리새인들은 율법을 아주 엄격하게 지키는 사람들이었다. 율법에 대해서는 흠잡을 데가 없었다. 그러나 예수님께서는 그것으로는 충분하지 않다고 말씀하신다. 살인하지 말라는 것을 지키는 것으로는 충분하지 않고 이제는 형제를 미워하거나 욕하는 것까지도 심판받게 될 것이라고 말씀하신다.

율법에는 간음하지 말라고 기록되어 있으나 이제는 그것을 넘어서 여자를 보고 음욕을 품는 것에서부터 죄로 여겨야 한다고 말씀하신다. 예수님께서 이렇게 율법의 의미를 확장하신 것은 사람들에게 성령님께서 임하셔서 하나님께서 율법을 주신 의미와 의도를 깨닫게 하실 것이기 때문이다.

성령님의 도우심으로 우리는 하나님께서 이 율법을 통해 무엇을 조심하길 원하셨는지를 이해할 수 있게 되었다. 물론, 우리가 여전히 육의 몸에 매여서 영으로 온전하게 기능할 수 없기에 아직도 이해되지 않는 율법이 존재하지만, 이제는 많은 부분, 율법을 주신 하나님의 의도가 무엇인지, 우리가 어떻게 살기를 바라시는지를 깨달을 수 있다.

예수님께서는 이런 변화를 받은 그리스도인이 율법의 형식만 지키지 않고, 그 율법을 주신 하나님의 의도까지 이해하며 온전하게 지키길 원하신 것이다. 다르게 말하면 하나님께서 율법을 통해 작동시키고자 하시는 본래의 의미를 찾아서 적용해야 한다. 하나님께서는 육체의 연약함 속에 살아야 하는 인간에게 살인하지 말라는 단순한 계명을 주셨지만, 그 계명은 본래 더 깊은 의미가 있다.

우리는 성령님을 통해 살인하지 말라는 계명 안에서 사랑과 용서의 원리를 발견하게 된다. 성령님을 통해 살인만 죄가 아니라 미움과 시기, 질투에서부터 우리의 영혼이 병들어 가게 된다는 영적인 진리를 깨닫게 된다.

율법은 해를 입은 만큼만 갚아 주도록 함으로써 피해 이상의 분노를 표출하지 못하게 했다. 그러나 예수님께서는 원수를 용서할 뿐만 아니라 원수를 사랑하라고까지 말씀하신다. 예수님의 제자들은 당한 만큼만 갚아 주는 절제의 법을 넘어서 용서의 원리, 사랑의 원리를 가지고 행동해야 한다는 것이다. 이것은 이 세상의 원리로는 도저히 이해할 수 없는 일이다.

세상 사람은 율법에 기록된 동해보복법(同害報復法)을 실천하는 것만으로도 굉장한 인내를 발휘했다고 말할 것이다. 그러나 영적인 원리는 다르다. 이 땅의 원리는 피해와 보복에 초점을 맞추지만 영적인 원리는 변화와 회복, 하나님의 위로에 초점을 맞추고 있다. 하나님께서 모든 것을 알고 계시고 갚아 주시며 회복시키실 것을 믿음으로 용서하고 사랑하라고 말씀하신 것이다.

이렇듯 예수님께서 경계하신 바리새인과 서기관의 신앙을 넘어서 하나님 나라를 살아가는 자가 되기 위해서는 구약의 여러 율법과 사건, 인물의 태도와 하나님의 경고 속에서 하나님께서 우리에게 가르쳐 주고 싶어하신 하나님의 의도와 영적인 원리들을 찾아야 한다. 단순히 율법의 행위로만 만족하지 않고 그 안에 담겨 있는 영적인 원리와 하나님의 마음을 찾아가며 그것을 적극적으로 적용하며 살아야 한다.

지금도 너무 많은 그리스도인이 바리새인과 서기관의 실수를 반복하며 살아간다. 단순히 예배에 나와 있는 것, 보이는 행위에 완벽해지는 것으로 만족감을 느끼고 싶어 한다. 그런 모습이 적어도 사람들에게는 대단해 보이기 때문이다. 그러나 예수님은 바리새인과 서기관의 의보다 낫지 못하면 하나님 나라에 들어갈 수 없다고 선언하신다. 그런 보이는 행위에만 기대서는 하나님 나라를 살아갈 수 없다는 것이다.

우리가 하나님 나라를 살아가는 예수님의 제자로 살아가기를 원한다면 이제는 그런 행위에만 만족할 것이 아니라 성경에서 말하는 모든 율법과 사건 속에서 하나님의 뜻을 찾아가고 영적인 원리를 찾아가는 연습을 해야 한다. 이런 영적인 원리를 깨닫고 적용해 갈 때 **우리는 하나님 나라가 주는 힘을 가지고 하나님의 마음을 시원하게 해 드리는 삶을 살아가는 자로 성장하게 될 것이다.**

3) 완성될 하나님 나라

앞에서 설명한 것처럼 하나님 나라는 성령님을 통해 이미 시작되었다. 그리스도인이 영적인 원리, 하늘의 법을 적용하며 살아갈 때마다 하나님 나라가 그 안에 이루어지고, 하나님 나라가 주는 영적인 힘과 만족이 나타나게 될 것이다. 그런데 이렇게 이미 시작된 하나님 나라는 온전한 것이 아니다.

영적인 원리와 영적인 힘을 선택하며 살아갈 때 하나님 나라가 이루어지지만, 이 땅에서는 그것이 영원히 지속되지 않는다. 우리가 아직 육체 가운데 머물러 있고, 이 세상이 죄 가운데 휩싸여 있으므로 이 세상의 원리와 죄의 영향을 완전히 무시할 수가 없다. 천국이 이미 시작되었지만, 우리가 마냥 웃으며 다닐 수 없는 이유다. 하나님 나라가 시작되었다고 당장 모든 슬픔과 걱정이 사라지는 것은 아니다.

여전히 우리는 삶의 여러 가지 문제 속에서 고민하고 아파하게 된다. 예수님도 늘 성령에 충만해 하나님 나라가 주는 힘에 의지해서 살아가셨지만, 나사로의 죽음 앞에서 눈물을 흘리셨다. 또 십자가의 고난을 앞두고 심각한 고민에 빠지기도 하셨다.

바울 역시 성령님을 의지해 영적인 원리를 가지고 살았지만 두려움과 갈등을 겪기도 했다. 우리 역시 마찬가지다. 우리가 영적인 원리를 적용하며, 하늘의 만족과 기쁨을 누리며 살아갈 수 있게 되었지만, 여전히 두려움과 슬픔, 걱정과 아픔이 찾아온다.

그러면 대체 하나님 나라는 우리에게 어떤 유익을 주는 것일까? 이미 시작된 하나님 나라는 그리스도인이 이 세상을 버티고 이길 수 있는 힘을 준다. 하나님 나라가 시작되었다고 모든 어려움이 없어지는 것은 아니다. 예수님과 바울이 그랬던 것처럼 우리는 매일 어려움을 겪고 슬픔과 아픔을 친구처럼 가까이하며 살아가게 된다. 하지만 하나님 나라가 주는 힘은 그런 어려움과 문제들을 이겨 내고 버텨 내게 한다.

우리는 하나님 나라가 주는 기쁨과 능력으로 환경 때문에 주저앉지 않고 그것을 이기고 돌파하며 전진할 수 있다. 매일 만나게 되는 일상이 누군가에게는 지겹고 짜증이 나며 지옥 같은 일상이지만 하나님 나라가 주는 만족과 감사를 가진 사람은 일상에서 삶의 의미를 발견하게 되고 일상을 하나님 앞에 훈련되고 준비되는 선물로 받아들이게 된다.

세상 사람은 일상을 버티기 위해 술과 담배, 여행과 미디어 등으로 도피하지만 성령의 사람은 하늘의 복과 권세로 사람들에게 소망을 주고 위로를 주며 다른 사람에게 바른길을 제시하는 역할을 감당하게 된다.

우리의 삶이 당장 천국으로 바뀌지는 않지만, 하나님 나라가 주는 힘과 완성될 하나님 나라를 소망하는 힘으로 우리에게 찾아오는 모든 상황을 인내하고 이길 수 있다. 하나님 나라는 가장 작은 씨앗으로 찾아오기에 처음에는 아무런 변화도 일어나지 않은 것처럼 여겨진다. 하지만 하나님 나라를 적극적으로 쟁취하는 사람은 지옥 같은 세상에서도 하나님의 뜻을 이루어 가는 무한한 가능성을 품은 존재로 살아가게 될 것이다.

이렇게 시작된 하나님 나라는 마지막 때 새 하늘과 새 땅으로 완성된다. 천국의 이미지는 인간이 하늘로 올라가는 것처럼 생각하게 만들지만, 성경은 인간이 하늘로 올라가는 것이 아니라 하나님께서 새롭게 만드신 새 하늘과 새 땅이 이 세상에 내려오는 것으로 기록하고 있다.

하나님께서는 구원받은 인간이 이 땅에서 영원히 살도록 하지 않으시고 마지막 때 완성될 새로운 곳에서 영원한 삶을 살도록 하신다. 하나님께서 새 하늘과 새 땅을 허락하시는 이유는 우리가 살아가는 이 세상에 여전히 죄가 영향을 미치고 있기 때문이다.

그리스도인이 아무리 구원받아서 성령님의 인도하심 속에 살아도 죄가 영향을 미치고 있는 곳에서는 늘 유혹을 받게 되고 불완전한 육체의 옷을 입고 있는 인간은 죄의 유혹에 넘어가게 된다. 그뿐만이 아니다. **인간의 범죄로** 하나님께서 만드신 자연까지도 훼손시켰다. 죄의 저주 때문에 하나님이 지으신 창조의 질서가 무너지게 되었고 인간은 욕심으로 하나님이 만드신 세상은 혼미해졌다.

그래서 우리가 구원받아 영적인 존재가 되었음에도 죄로 물든 환경의 영향을 받게 되고 이 세상은 결국 멸망하게 된다. 그러나 하나님께서는 죄로 물들어 있는 이 세상도 새롭게 하신다. 죄 때문에 훼손된 자연환경이 회복되고 죄와 어둠이 없는 새로운 장소를 인간에게 허락하셔서 영원히 하나님과 함께하며 살게 하신 것이다.

> 그 바라는 것은 피조물도 썩어짐의 종노릇 한 데서 해방되어 하나님의 자녀들의 영광 자유에 이르는 것이니라 피조물이 다 이제까지 함께 탄식하며 함께 고통을 겪고 있는 것을 우리가 아느니라(롬 8:21-22).

> 하나님이 영원 전부터 거룩한 선지자들의 입을 통하여 말씀하신바 만물을 회복하실 때까지는 하늘이 마땅히 그를 받아 두리라(행 3:21).

우리는 새 하늘과 새 땅에서 변화된 육체를 가지고 영원히 하나님과 함께 살게 될 것이다. 하나님께서 새롭게 하신 새 하늘과 새 땅은 우리를 아프게 했던 아픔도 죽음도 이별도 없다. 비록 지금은 구원 받았음에도 우리에게 찾아오는 여러 가지 어려움에 아파하기도 하지만 하나님께서 예비하신 그곳에서는 아픔과 슬픔 그리고 눈물이 우리를 괴롭힐 수 없다. 오직 영원한 행복과 만족, 빼앗을 수 없는 **평안** 속에 하나님을 예배하고 **하나님과 함께하는 기쁨을 누리게** 될 것이다.

> 모든 눈물을 그 눈에서 닦아 주시니 다시는 사망이 없고 애통하는 것이나 곡하는 것이나 아픈 것이 다시 있지 아니하리니 처음 것들이 다 지나갔음이러라(계 21:4).

하나님께서는 믿음과 인내로 하나님 나라를 살아가는 자에게 이런 선물을 약속하셨다. 우리가 이 땅에서 당하는 모든 아픔과 억울함, 고난과 희생은 절대로 그냥 없어지지 않는다. 하나님께서 이 땅에서도 상황에 맞는 은혜로 갚아 주시지만, 하나님 나라에서 영원한 상급으로도 갚아 주실 것이다.

우리가 소망하고 꿈꾸며 기대하는 그래서 모든 것을 품고 있는 하나님 나라는 이미 시작되었다. 하나님께서 이 땅에서부터 시작한 하나님 나라에서 살아가기를 사모하며 성령님을 온전히 의지할 때 우리는 우리가 가야 할 길을 잃지 않을 것이다.

묵상을 위한 질문

1. 팔복은 영적인 원리의 모델이라고 했는데, 팔복은 영적인 원리에 대해 어떻게 설명하고 있는가?

2. 예수님께서 제자들에게 서기관과 바리새인보다 나은 의를 가져야 한다고 말씀하신 것은 어떤 의미인가?

3. 이미 시작된 하나님 나라는 이 땅에서 온전하게 나타나지 못한다고 했는데, 지금 우리에게 시작된 하나님의 나라는 우리에게 어떤 유익을 주는가?

제2부

하나님 나라를 살아가는 연습

제1장 하나님 나라의 백성으로 살기 위한 성장 과정

    1. 해방
    2. 하나님 백성의 규칙 – 율법
    3. 하나님 백성의 정체성 – 성소
    4. 일상을 주님과 함께하는 훈련 – 만나
    5. 노예근성 – 죄성
    6. 노예근성에서 해방
    7. 성령 체험
    8. 공동체 – 이스라엘 열두 지파
    9. 하나님 나라에서의 삶

제2장 하나님 나라를 살아가게 하신 이유

제3장 하나님 나라를 살아가는 자의 특징

    유별남(빛과 소금)

　　　　　＊　　＊　　＊

　지금까지 이 땅에서 이미 시작된 하나님 나라가 무엇인지, 하나님 나라를 어떻게 적용할 수 있는지를 살펴보았다. 하지만 이론을 배웠다고 그것이 바로 적용되는 것은 아니다. 신생아가 이 세상의 원리를 이해하고 적용하기 위해서는 많은 시간이 필요하다. 어린아이에게 경제의 흐름과 직업 윤리를 가르치고, 여러 가지 물리 법칙을 가르쳐 준다고 그렇게 살 수 있는 것이 아니다.

　어린아이에게는 좋은 물건을 골라서 시장에 내다 팔면 돈을 모을 수 있다는 장사의 원리를 가르치기 전에 먼저 그것을 감당할 수 있는 지능과 육체의 힘을 기르기 위한 성장이 필요하다. 세상의 원리, 즉 약속이나 사회 문화를 이해할 수 있는 지능이 발달해야 하고, 물건을 옮기거나 오래 움직일 수 있는 근력과 체력이 길러져야 하며, 좋은 물건을 고를 수 있는 경험과 사람들을 능숙하게 상대하기 위한 인격적인 성장과 사회성도 필요하다. 영적으로 새롭게 태어난 그리스도인도 마찬가지다.

　그리스도인은 예수님을 믿는 순간부터 영적인 신생아로 새로 태어난다. 그리스도인이 영적인 존재가 되었다고 바로 영적인 원리를 이해하면서 당장 그렇게 살 수 있는 것이 아니다. 영적인 어린아이에서부터 시작하기 때문에 다양한 영적 원리와 하나님의 뜻을 말하기 전에 기본적인 성경 용어를 이해하기 위한 성장이 필요하고, 예배나 경건 생활 등 신앙생활 방식에 적응하는 시간이 필요하다.

쉽게 표현하면 어린아이가 태어나서 성장하는 동안 거쳐야 하는 발달 단계가 있듯이 영적인 태어남에도 성장을 위해 거쳐야 하는 영적인 발달 단계가 있다는 것이다. 영적으로 새롭게 태어난 그리스도인은 반드시 거쳐야 하는 영적 발달 과정을 통해 하나님 나라를 살아갈 수 있는 영적인 어른으로 성장할 수 있다.

성경은 영적인 성장을 위해 필요한 것들을 여러 곳에서 말하고 있는데, 특별히 출애굽 한 이스라엘이 가나안 땅으로 들어가는 여정은 하나님의 백성으로 성장하기 위해 거쳐야 하는 과정을 잘 보여 준다. 이스라엘은 출애굽 한 후에 바로 약속의 땅에 들어간 것이 아니었다. 그들이 하나님의 백성으로 살아갈 만한 준비가 되어 있지 못했기 때문이다.

달리 표현하면 그들이 애굽으로부터 구원은 받았지만, 여전히 하나님의 뜻을 이해하지 못하는 영적인 신생아였기 때문이다. 그들이 하나님의 크신 능력으로 구원받아 출애굽을 할 때, 하나님은 그들을 하나님의 군대라고 부르기도 하셨지만, 그들은 하나님의 군대라고 불릴만한 상태가 아니었다.

하나님은 이런 이스라엘 백성을 광야의 여러 과정을 통해 **훈련시켜** 하나님의 뜻대로 전쟁을 치르고, **하나님의 법과 원리에 순종하며 살아가는** 하나님의 군대, 진정한 하나님의 백성으로 살아갈 수 있도록 성장시키신다.

제2부에서는 약속의 땅 가나안에 들어가는 이스라엘의 여정을 살펴보면서 그리스도인이 하나님 나라를 살아가는 영적인 성인이 되기 위해 어떤 성장을 하며 어떤 훈련을 거쳐야 하는지를 살펴보도록 하겠다.

제1장

하나님 나라의 백성으로 살기 위한 성장 과정

1. 해방

바울은 로마서에서 구원의 사건을 죄로부터 해방이 된 것이라고 표현하고 있다.

> 죄로부터 해방되어 의에게 종이 되었느니라(롬 6:18).

하나님께서 우리를 죄의 권세로부터 자유롭게 하셨다는 것이다. 죄에서 해방된 그리스도인은 이제 죄에 이끌려 살지 않을 수 있게 되었다. 그런데 구원받은 그리스도인의 삶을 보면 정말 해방이 되었는지 의문을 갖게 된다. 우리는 여전히 죄에 넘어지기 때문이다.

이러한 상황은 이스라엘이 애굽을 탈출하며 건넜던 홍해의 사건을 통해 설명할 수 있다.

가나안 땅에 살던 야곱의 가족들은 흉년을 피해 당시 요셉이 총리로 있던 애굽 땅으로 이주해 살게 된다. 그러면서 세월이 지나고 야곱의 자손들, 곧 이스라엘 백성의 숫자가 많아지자 애굽의 바로 왕은 이스라엘을 견제하기 위해 그들을 노예로 부리기 시작한다. 애굽에서 고된 노역 때문에 이스라엘 백성은 하나님을 찾게 되었고 하나님께서는 모세를 통해 그들을 탈출시키고자 하셨다. 이런 배경 속에서 하나님의 이스라엘 구출 작전이 시작된다.

하나님의 명령을 받은 모세가 애굽 왕 바로에게 들어가 이스라엘을 보내 달라고 요청하자 바로는 하나님의 명령을 계속 거절한다. 결국, 바로는 하나님께서 보내신 열 가지 재앙을 다 겪고 나서야 이스라엘 백성을 내보내게 된다. 그런데 이스라엘을 놓아주었던 바로가 금세 마음을 바꾸어 이스라엘을 추격하기 시작한다.

이스라엘은 애굽 군대의 추격에 쫓겨 홍해 앞에 다다르게 된다. 하나님께서는 모세의 손에 든 지팡이를 홍해를 향해 내밀게 하시고 홍해가 갈라져 물이 벽이 되게 하신다. 하나님의 크신 능력으로 이스라엘은 마른땅을 통과해 애굽의 추격을 따돌리게 된다. 하지만 이런 하나님의 기적을 보고도 마음이 굳어진 애굽의 군대는 이스라엘을 추격해 홍해로 들어온다.

그리고 이스라엘 백성이 홍해를 다 건너자 하나님께서 물의 세력을 회복하셔서 애굽의 군대를 그대로 몰살하신다. 이것이 이스라엘이 애굽을 탈출하는 과정이다. 우리가 이 내용을 익히 알지만 한 번 더 정리하는 것은 이 과정이 우리에게 일어난 해방의 의미를 잘 설명해 주고 있기 때문이다.

다시 한번 내용을 짚어 보면, 바로는 장자가 죽임을 당한 후에 이스라엘을 내보내게 되고 이스라엘은 바로 앞에서 도망쳐 나올 수 있었다. 그런데 여기까지는 진짜 해방된 것이라고 말할 수 없다. 이스라엘은 아직 바로가 영향을 미칠 수 있는 영역에 있었고, 바로의 힘이 그대로 살아있기 때문이다.

바로에게는 언제든지 마음을 돌이키면 쫓아와서 다시 강제로 노역시킬 힘이 있었다. 그리고 실제로 바로는 그렇게 이스라엘을 쫓아왔다. 바로와 애굽의 군사력이 건재한 이상 이스라엘은 어딜 가든 바로의 영향 아래 있을 수밖에 없었다. 그런데 하나님께서는 **이스라엘을 끝까지 쫓아오는 애굽의 군대를 홍해에서 몰살해 버리셨다.**

홍해에서 애굽의 군대가 몰살당한 사건을 통해 바로와 애굽의 군대는 그 힘을 상실하게 되었다. 이스라엘을 강제로 끌고 들어갈 힘과 영향력을 잃어버린 것이다. 이것이 죄로부터의 해방이다.

홍해 사건 이전까지 이스라엘은 바로의 종이 되어서 바로를 섬기고 있었다. 바로의 힘(죄의 영향력)이 이스라엘을 지배하고 있었고, 이스라엘의 힘으로는 바로를 섬기는 위치에서 벗어날 수가 없었다. 그런데 홍해의 사건을 통해 애굽의 군대가 몰살당하고, 바로는 이스라엘을 지배하는 힘을 상실하게 된 것이다.

이 사건을 통해 이스라엘은 바로에게서 온전히 해방될 수 있었다. 이제는 이스라엘의 마음이 변해서 스스로 애굽으로 돌아갈 수는 있어도 바로가 강제로 이스라엘을 끌고 갈 수는 없다. 이 홍해에서의 사건을 두고 고린도전서에서는 이스라엘이 세례를 받은 사건이라고 말한다.

> 형제들아 나는 너희가 알지 못하기를 원하지 아니하노니 우리 조상들이 다 구름 아래에 있고 바다 가운데로 지나며 모세에게 속하여 다 구름과 바다에서 세례를 받고(고전 10:1-2).

예수님을 믿고 세례를 받으며 죄로부터 해방된 사건이 이스라엘이 홍해로부터 해방된 사건과 동일하다는 것이다. 이스라엘에 이루어진 홍해의 사건을 생각하면 우리에게 일어난 구원, 죄로부터의 해방이 무엇을 의미하는지를 쉽게 이해할 수 있다. 예수님을 알기 전에는 어쩔 수 없이 죄의 종이 되어서 살았지만, 이제는 죄가 우리를 강제로 끌고 가는 힘을 상실하게 된 것이다.

> 죄가 너희를 주장하지 못하리니 이는 너희가 법 아래에 있지 아니하고 은혜 아래에 있음이라 (롬 6:14).

그러면 우리는 왜 아직도 죄에 넘어지고 있는 것일까?

이스라엘이 홍해에서 구원받은 사건을 영적으로 다시 태어남이라는 측면에서 생각해 보자. 제1부에서 계속 강조한 것처럼 우리가 예수님을 알지 못하던 때 우리의 상태는 영적인 기능을 상실한 상태였다. 영적인 기능을 상실한 인간은 영적인 것을 알 수도 이해할 수도 없어서 오직 육체적인 힘과 육체적인 논리에만 의지해서 살아가게 되었다.

이렇게 영적인 것, 선한 것, 하나님의 뜻에 맞는 것을 선택할 기회를 박탈당한 인간은 사탄이 이끄는 대로 이끌리며 죄의 종이 되어 살게 되었다. 자기는 죄를 섬긴 적이 없고, 사탄의 뜻대로 산적도 없다고 주장할지 모른다. 하지만 성경은 사탄이 이 세상의 권세를 잡았다고 선언하고 있으며 영적인 것을 분별할 능력이 없는 인간은 어쩔 수 없이 세상을 지배하는 사탄이 속이고 이끄는 대로 살아갈 수밖에 없다.

흉년을 피해 애굽으로 들어간 이스라엘이 자기 뜻과 관계없이 애굽의 노예가 되었던 것처럼 선한 것, 더 좋은 것을 선택할 권리를 박탈당한 인간 역시 어쩔 수 없이 온 세상에 영향을 미치는 사탄의 종이 되어 살아가게 된 것이다.

그런데 인간에게 성령님이 들어오시면서 인간의 영이 다시 기능을 하게 되었다. 영적인 세계를 이해할 수 있게 되었고, 영이신 하나님과 소통하며 하나님의 뜻을 찾을 수 있게 된 것이다. 인간은 이제 육체적인 것에만 매여 살지 않고 선한 것, 하나님이 기뻐하시는 것을 선택할 수 있게 되었다.

인간이 구원받은 후로 다시는 죄가 강제로 인간을 끌고 갈 수 없다. 홍해에서 애굽의 군대가 몰살되어 힘을 잃은 것처럼 인간에게 죄를 선택하도록 강요하면서 강제로 끌고 갈 힘을 잃은 것이다. 사탄이 우리에게 할 수 있는 것은 속이고 유혹하는 것뿐이다. 사탄은 그리스도인이 영적인 것을 선택하지 않고 육체적인 것을 선택하며 보이는 것에만 의지해서 살아가도록 유혹한다.

사탄은 미디어를 통해 많은 돈을 가지고 멋진 집에 살면서 여행을 다니고 맛있는 것을 먹으러 다니는 사람들을 자랑한다. 마치 돈이 세상 전부이고, 돈을 많이 버는 것만이 유일한 답인 것처럼 보이게 만들어서 영적인 것, 선한 것을 선택하지도, 생각하지도 못하게 만드는 것이다.

그리고 많은 그리스도인이 이런 유혹에 넘어가 하나님 대신 돈을 선택한다. 하나님을 예배하기보다는 돈을 더 잘 벌기 위해 그 시간에 자격증 공부와 고객 관리를 선택한다. 또 사람들을 만나고 산과 바다로 다니며 여유롭게 사는 것을 하나님을 섬기는 것보다 더 중요하게 생각한다. 이것은 사탄이 강제로 끌고 간 것이 아니다. 사탄은 속이고 유혹할 뿐, 모두 우리가 선택한 것이다.

이것이 우리가 죄로부터 해방되었지만, 여전히 죄에서 해방되지 않은 것처럼 사는 이유다. 애굽에서 빠져나온 이스라엘 백성이 여전히 애굽을 그리워하며 애굽의 종처럼 살았던 것처럼, **우리가 구원받아서 다른 것을 선택할 수 있게 되었지만, 여전히 다른 것을 선택할 수 없는 상태인 것처럼 사는 것이다.**

많은 사람이 죄를 짓는 것은 어쩔 수 없는 일이라고 생각한다. 우리에게 일어난 변화와는 상관없이 죄가 너무 강해서 죄를 벗어날 수 없고, 죄와 함께 사는 것이 당연하다고 여기며 살아간다. 그리스도인이지만 세상 사람과 같은 모습으로 살아가는 것을 이상하게 여기지 않는 것이다. 그런데 우리는 죄로부터 해방되었다. 죄의 유혹이 강한 것은 사실이지만 죄를 거부할 수 있고 세상과 다르게 살아 갈 수 있는 선택권이 주어졌다.

죄의 종이 되기를 거부하고 하나님의 백성으로 성장하며 하나님의 뜻대로 살아갈 수 있는 존재가 된 것이다. 그리스도인이 죄와 싸우기를 포기하지 않고 영적인 것, 하나님의 것을 **선택하기 위해 훈련해 갈 때 반드시 하나님의 군사로 온전하게 세워질 날이 오게 될 것이다.** 이것이 하나님의 계획이자 하나님의 믿음이다.

출애굽을 한 이스라엘 백성은 오합지졸이었다. 바로에게 적극적으로 반항할 의지도 없었고, 오히려 모세와 아론을 원망하던 자들이었다. 그런 이스라엘을 하나님께서 구원해 내시면서 하나님께서는 이스라엘 백성을 향해 여호와의 군대라고 말씀하신다.

> 사백삼십 년이 끝나는 그날에 여호와의 군대가 다 애굽 땅에서 나왔은즉 (출 12:41).

하나님의 군대라고 부를만한 모습이 전혀 없는 이스라엘을 이렇게 지칭하신 것은 하나님께서 그들을 훈련하고 성장시켜서 죄와 싸우며 악을 대적하고 하나님의 싸움을 싸우는 군대로 만드실 것이기 때문이다. 하나님께서는 그런 확신으로 이스라엘을 하나님의 군대로 불러 주셨고, 실제로 이스라엘은 하나님의 뜻과 하나님의 방법대로 가나안 정복 전쟁을 치르는 하나님의 군대로 바뀌게 된다.

우리도 그렇다 우리가 성장하기를 포기하지 않고 하나님을 끝까지 의지하면 하나님께서는 반드시 우리를 하나님 나라의 백성다운 온전한 모습으로 변화시켜 주실 것이다.

묵상을 위한 질문

1. 출애굽 하던 이스라엘이 온전히 해방될 수 있었던 것은 어떤 사건 이후인가?
2. 구원받은 그리스도인이 죄에서 해방된 것은 어떤 변화를 겪었기 때문인가?
3. 구원받은 그리스도인이 죄에서 해방되었음에도 해방되지 못한 것처럼 사는 이유는 무엇인가?

2. 하나님 백성의 규칙 – 율법

　어떤 나라의 국민이든 그 나라의 구성원으로 살기 위해서는 그 나라의 법을 배워야 한다. 경제에 관한 법률이나 토지관리법과 같은 복잡한 것은 이해하지 못한다고 하더라도 교통법규에서부터 세금제도와 노동법 같은 기본적인 규칙들을 배워야 학교에 가고 일하는 등의 일상생활을 해 나갈 수 있다.

　이것은 하나님 나라의 백성으로 살아갈 때도 동일하다. 이스라엘은 바로의 종으로 살다가 구원받아 하나님의 백성이 되었지만, 하나님을 어떻게 섬겨야 하는지 알지 못했다. 제사를 지내는 방법도 모르고 서로를 어떻게 대해야 하는지도 모르고 하나님의 백성으로서 무엇을 하고 무엇을 하지 말아야 하는지를 알지 못했다. 그래서 이스라엘은 이제 하나님의 백성이자 하나님의 군대로서 살아가기 위한 규칙을 배워야 했다.

　하나님께서는 이스라엘 백성이 홍해를 건넌 후 그들을 시내산으로 인도하셔서 거기 머물게 하신다. 그들에게 율법을 주기 위해서였다. 이스라엘은 시내산에서 약 1년 정도의 기간을 머물면서 그들이 하나님의 백성으로서 지켜야 할 율법을 받게 된다. 이 기간에 모세가 시내산에 올라가서 십계명을 받고 또 세부적인 율법을 받아서 이스라엘 백성을 가르치게 된다.

　하나님께서 구원받은 이스라엘을 바로 가나안 땅으로 인도하지 않고 이곳에서 1년 가량을 머물게 하신 것은 여호와의 백성으로 살아갈 규칙을 배우는 시간이 꼭 필요했기 때문이다. 이뿐 아니라 이스라엘 백성은 광야의 40년 세월 동안 여호와의 율법을 실제로 적용하며 몸으로 배우고 익히는 연습하게 된다.

그리스도인의 삶 역시 마찬가지다. 하나님께서 이스라엘에게 율법을 통해 그들을 가르쳤던 것처럼 그리스도인에게도 인생의 지침서와 같은 하나님의 말씀을 허락하셨다. 그동안 영적인 삶에 대해 무지한 채로 살았기 때문에 말씀을 통해 하나님 나라를 살아가는 영적인 원리와 방법을 배우고 익히도록 하신 것이다.

예수님을 영접하고 새롭게 태어난 모든 그리스도인은 성경을 통해 구원받은 자로서 살아가는 법을 배워야 한다. 우리가 구원받은 후에 지속해서 성경을 배우고 말씀을 읽고, 묵상하는 것은 하나님의 백성과 하나님 자녀의 신분에 맞게 사는 법을 배우는 필수 과정이다.

그러나 많은 그리스도인이 예수님을 믿고 교회에 나가는 것으로만 만족하려는 경향이 있다. 예배를 드리는 것만으로도 나는 충분한 시간을 할애한다고 생각하는 것이다. 이것은 우리가 얻은 구원이 어떤 의미인지를 깨닫지 못하고, 영적인 세계가 있다는 사실을 간과하기 때문에 생기는 문제다.

새롭게 태어난 사람들이 새로운 삶을 제대로 살기 위한 방법을 배우고 익히는 데 시간을 할애하는 것은 지극히 상식적이고 당연하다. 새로 들어간 회사에서도 업무를 배우기 위해 시간을 써야 하고, 사람들과 적응하기 위해서도 마음과 시간을 써야 한다. 새로운 업무에 적응하기 위해 업무 매뉴얼을 보고 인수인계서에 기록된 것을 공부하는 것은 지극히 당연한 일이다.

이 세상 그 누구도 새로 들어간 회사에 출근해 주는 것만으로 내할 일을 다 했다고 생각하지 않는다. 그런데 유독 교회에서만은 그런 당연한 일이 당연하지 않게 되는 기적이 일어난다. 사람들은 성경을 읽지 않고도 신앙생활이 가능하다고 착각한다. 이것은 말 그대로 착각이다. 교회에 앉아서 한두 시간을 보내는 신앙생활은 가능할지 몰라도, 진짜 영적인 삶을 살아가고, 하나님 나라를 누리며 살아가는 건강한 신앙생활은 불가능하다. 모든 영적인 원리와 방법, 영적인 힘에 대한 가르침이 오직 성경을 통해서만 주어지기 때문이다.

이것은 마치 다른 나라로 이민하면서 그 나라에 대한 여행 가이드북 조차 읽어보지 않고도 충분히 잘 살 수 있다고 착각하는 것과 같은 것이다. 하나님께서 이스라엘 백성을 바로 가나안으로 들여보내지 않으시고 일 년 가까이 말씀을 배우고 익히게 하신 것처럼, 우리는 반드시 성경을 통해 하나님 나라의 백성으로 살아가는 법을 배우고 익혀야 한다.

성경은 한 번 두 번 읽는다고 익혀지지 않는다. 성경의 분량이 많고 어려운 문체로 되어 있는 데다가 성경이 쓰일 때의 상황이 지금 시대의 상황과 다르므로 성경의 전체 내용을 대략 이해하는 것만으로도 많은 시간이 필요하다. 그래서 가장 먼저 성경을 꾸준히 읽어 나가는 것부터 연습해야 한다. 많은 양이 아니더라도 정해진 분량을 매일매일 읽어 나가는 것이 중요하다. 처음 읽을 때는 무슨 말인지 이해가 되지 않을 수 있다.

어쩌면 1년을 읽어도 머리에 아무것도 남지 않을 수도 있다. 하지만 그러한 과정을 통해 성경의 표현과 사건에 익숙해지고 점차 성경의 이야기가 머릿속에 남게 된다. 이와 동시에 성경을 잘 이해하기 위해 성경을 풀이해 주는 신앙 서적이나 성경공부 영상을 참고하거나 교회에서 진행하는 성경공부 프로그램에 참여하면 성경을 이해하는 데 큰 도움이 된다.

앞에서 말한 것처럼 성경은 읽기가 쉽지 않은 책이다. 목사님들도 신학교에서 **성경**의 배경과 문화에 대해 수업을 들었기에 성경을 이해하는 것이지, 성경은 누구에게나 어려움을 느끼게 만드는 책이다. 목사님들도 이해되지 않는 부분은 신앙 서적이나, 주석(성경을 해석해 놓은 참고서)책을 참고하거나 다른 사람들이 설명해 놓은 강의나 글을 보면서 성경을 끊임없이 연구하고 배워 가기를 멈추지 않는다.

이런 노력은 목사님들이나 신학자들에게만 필요한 것이 아니다. 모든 그리스도인이 성경을 평생의 지침서이자 친구로 여기며 살아야 하므로 성경을 바르게 이해하기 위한 배움에 시간을 들여야 한다.

또한, 성경을 읽고 배우는 것에서 그치지 않고 성경을 묵상하고 적용해야 한다. 우리가 성경을 읽고 배우는 것은 묵상과 적용을 위한 것이다. 묵상은 이 말씀을 통해 하나님께서 나에게 무엇을 말씀하시는지 그리고 이 말씀에서 내가 배우고 깨달아야 할 것이 무엇인지를 찾는 것을 말한다.

정해진 본문의 말씀을 여러 번 읽고 되새기면서 하나님께서 특별히 내게 주시는 말씀을 고민(묵상)하는 것이다. 적용은 그렇게 깨달은 말씀을 내 삶에 어떻게 실천할 것인지를 생각하고 계획해 그대로 실행하는 것을 말한다. 묵상과 적용은 하나님의 말씀대로 살아가기 위한 기본적인 훈련이자 말씀에 이끌린 삶을 위한 습관이라고 할 수 있다.

영적인 존재로 새로 태어난 그리스도인이 영적인 삶을 살고자 한다면 적어도 이 정도까지는 습관화가 되어야 영적인 원리와 영적인 힘에 관해 말할 수 있고, 그것을 실제로 경험하며 살아갈 수 있다.

그리스도인이 이런 과정을 거치게 되면 그 후에는 제자훈련, 사역자 훈련과 같은 양육훈련을 과정을 통해 성경을 배워야 한다. 이것은 하나님 나라의 규칙을 배우기 위한 필수 과정은 아니다. 어떤 시대에는 제자훈련이라는 단어조차 없었고, 이런 프로그램보다는 고행이나 금욕 등 다양한 형태로 하나님의 말씀을 체화하려고 시도했다.

그런데도 제자훈련에 관해 말하는 것은 지금 시대에 말씀대로 살아가기 위한 삶의 훈련이 제자훈련을 통해 효과적으로 이루어지고 있기 때문이다. 제자훈련 과정은 성경공부라기보다는 그리스도인의 삶을 살아가기 위한 훈련에 가깝다.

제자훈련이 성경을 배우고 적용하는 훈련에 유용한 이유는 훈련 내용이나 과정이 성경을 바탕으로 성경에 근거해서 진행되며 우리가 살아가면서 만나는 수많은 순간에 어떻게 말씀대로 반응하고 결정할지를 연습하는 것이기 때문이다.

제자훈련은 성경의 배경이나 성경 해석을 가르치지는 않는다. 하지만 성경을 가지고 인생을 어떻게 살아야 하는지를 가르쳐 준다. 이것이 제자훈련의 핵심이다. 제자훈련은 말씀을 읽고 묵상하는 훈련을 하고, 예배와 기도의 습관을 기르고 헌금생활, 봉사생활, 섬김의 삶, 언어생활 등을 훈련에 감으로 수많은 상황에서 성령님께 귀 기울이는 연습을 하게 만든다.

그리고 성령님께서는 우리가 만나는 여러 상황에서 우리가 어떤 행동을 하고, 어떤 결정을 해야 하는지를 말해 주시는데, 성령님의 모든 인도는 하나님의 말씀에 근거해서 이루어진다. 모든 상황에서 적용해야 하는 하나님의 말씀이 생각나게 하시고, 사람들의 **말과 행동을** 말씀 안에서 해석하고 적용할 수 있도록 **지혜를 주신다.**

제자훈련은 우리가 읽고 배운 말씀이 글자로만 남아있지 않고, 상황에 맞추어 적용할 수 있도록 하는 훈련을 시켜주는 유용한 도구다. 그래서 우리가 성경을 통해 하나님 나라의 원리와 규칙을 배워가기를 원한다면 말씀을 읽고, 배우는 것에서만 그치지 않고 교회가 진행하는 여러 가지 양육훈련 프로그램에 적극적으로 참여해야 한다.

제자훈련은 교역자의 말을 잘 듣는 사람을 양성하는 프로그램이 아니다. 이것은 우리가 하나님 나라의 백성으로 적응해 가기 위해 도움을 주는 훈련소와 같다. 우리가 하나님의 말씀과 영적인 은혜를 사모하는 마음으로 참여한다면 하나님께서는 우리의 삶에 놀라운 변화와 은혜를 허락하실 것이다.

이렇게 성경을 배우고 묵상하며 훈련하는 것에 마음을 쏟으면 우리의 삶에 분명한 열매가 나타나게 된다. 성경을 읽으면서 이해하는 데까지는 시간이 오래 걸릴 수 있지만 그렇게 하나님의 뜻을 찾으며 말씀을 사랑하는 자에게는 특별한 은혜를 주신다.

성경은 그냥 글자가 아니다. 성경은 살아계신 하나님의 능력 그 자체다. 하나님께서는 말씀으로 온 세상을 창조하셨다. 예수님도 말씀만으로 병자들을 고치시고 죽은 사람을 살리셨다. 우리 눈에는 그냥 글자로만 보일지 몰라도 성경은 우리의 생각을 뛰어넘는 지혜, 즉 하나님의 능력 자체다.

그래서 성경은 읽기 시작하는 것만으로 영적인 행위가 되며, 우리의 영이 반응하고 성장을 하게 된다. 비록 성경에 적힌 글자의 뜻을 이해하는 데는 시간이 걸리더라도 성경을 읽기 시작하면서부터 영적인 유익이 시작되는 것이다.

다시 주의 율법을 복종하게 하시려고 그들에게 경계하셨으나 그들이 교만하여 사람이 준행하면 그 가운데에서 삶을 얻는 주의 계명을 듣지 아니하며 주의 규례를 범하여 고집하는 어깨를 내밀며 목을 굳게 하여 듣지 아니하였나이다 (느 9:29).

하나님께서는 하나님의 말씀을 사랑하는 자에게 어떠한 모양으로든 은혜를 주신다. 성경을 읽는 자에게 주어지는 은혜는 너무 다양하고 광범위해 그것을 일일이 다 기록할 수 없지만, 느헤미야는 그 은혜를 "사람이 준행하면 그 가운데서 삶을 얻는 주의 계명"이라고 정리한다.

이 말은 단순히 하나님께서 말씀대로 살아가는 자의 생명을 지킨다는 말이 아니다. 사람이 하나님의 말씀을 준행할 때 삶을 얻게 된다는 표현은 하나님의 말씀이 우리의 삶을 보호하며, 우리가 살면서 얻고자 하는 행복과 만족, 관계의 기쁨과 사랑을 얻게 한다는 말이다.

하나님께서는 말씀을 사모하여 읽고 묵상하며, 말씀대로 살기를 훈련하는 사람에게 우리가 그토록 찾아다니는 행복과 기쁨을 허락해 주신다. 이처럼 우리가 찾아다니는 인생의 결론이 하나님의 말씀 안에 있으므로 그리스도인은 하나님의 말씀에 근거해 삶을 살아가야 한다.

성경은 신앙생활의 처음과 끝을 함께하는 신앙의 동반자라고 할 수 있다. 믿음이 성경을 통해 시작되고, 성경을 통해 유지되며, 우리가 하는 신앙생활 중 불타지 않고 끝까지 남는 것은 오직 말씀에 근거해 행동한 것들 뿐이다.

우리는 성경을 통해서만 하나님을 알 수 있고, 오직 성경을 통해서만 영적인 세계와 이 세상의 영적인 원리를 이해할 수 있다. 성경을 통해 예수님의 재림을 확신할 수 있고 성경을 통해 예수님을 맞을 준비를 해 갈 수 있다.

그래서 성경을 읽는 것이 어렵다고 성경 읽는 것을 포기한다는 것은 신앙생활을 포기하는 것과 다름이 없다. 성경을 배우고 익히는 것에 관심이 없는 사람은 교회에 나와서 앉아 있으면서도 '나는 하나님은 물론 영적인 삶이나 하나님 안에서 변화될 새로운 삶에 관해 관심이 없다'라고 고백하는 것과 같은 것이다.

우리에게서 시작된 새로운 삶은 오직 말씀을 통해서만 성장하고 유지되며, 말씀을 통해서만 완성될 수 있다는 사실을 기억해야 한다. 처음 도전이 어려울 수 있지만 성령님께서 함께하셔서 우리를 돕고 계시는 사실을 잊지 말자. 성경은 사람의 머리로 이해하는 것이 아니다. 그렇기에 하나님의 말씀을 사모하는 자에게 성령님께서 이해시키시고, 그대로 살게 하시며, 말씀 속에서 영적인 힘과 은혜를 경험하게 하실 것이다.

 묵상을 위한 질문

1. 이스라엘 백성은 출애굽 한 후에 시내산에 머물며 하나님께로부터 율법을 받았다. 이스라엘에게 이런 시간이 필요한 이유는 무엇인가?

2. 그리스도인이 성경을 읽고 묵상하며 그것을 몸으로 익히는데 반드시 시간을 할애해야 하는 이유는 무엇인가?

3. 성경은 처음 접할 때 이해하기가 힘든 책이다. 성경을 익숙하게 배우기 위해 내가 활용할 수 있는 방법들은 무엇이 있는가?

3. 하나님 백성의 정체성 - 성소

이스라엘 백성이 시내산에 머물면서 한 일은 율법을 배우는 것뿐만이 아니다. 여기서 아주 중요한 작업을 하나 더 했는데 그것은 성막을 세우는 일이었다. 성막은 하나님께서 이스라엘 백성 가운데 거하시기 위한 장소다. 이스라엘 가운데 성막이 세워짐으로 비로소 이스라엘은 하나님을 섬기며 살아가는 백성, 하나님이 함께하시는 백성, 하나님을 나타내는 백성으로 살아가게 되었다.

> 그들은 내가 그들의 하나님 여호와로서 그들 중에 거하려고 그들을 애굽 땅에서 인도하여 낸 줄을 알리라 나는 그들의 하나님 여호와니라 (출 29:46).

> 나와 주의 백성이 주의 목전에 은총 입은 줄을 무엇으로 알리이까 주께서 우리와 함께 행하심으로 나와 주의 백성을 천하 만민 중에 구별하심이 아니니이까 (출 33:16).

성막은 이스라엘의 정체성과 같다. 그들이 하나님의 백성으로 불리긴 했지만 그들에겐 하나님의 백성이라는 정체성이 없었다. 그들 가운데 하나님께서 함께 사시지 못했기 때문이다. 이전까지 그들의 삶의 중심에는 바로가 있었다. 좋든 싫든 바로의 노예가 되어 바로의 영향을 받고 바로를 위한 삶을 살 수밖에 없었다.

이스라엘이 바로에게서 벗어나 홍해를 건넌 후에도 그들이 온전히 하나님을 섬기는 백성이라고 말할 수 없었다. 이스라엘 삶의 중심이 하나님을 향해 있지 못했기 때문이다.

이런 이스라엘 가운데 하나님이 거하시는 성막이 세워진다는 것은 그들의 모든 삶이 하나님을 향하고, 하나님과 함께하며 살아가는 존재가 되었다는 것을 의미한다. 이것이 하나님께서 이스라엘을 구원하신 목적이다. 하나님께서는 어느 정도 하나님을 알고, 하나님에 대해 말할 수 있는 민족을 원하지 않으셨다.

하나님과 함께하며 그들의 삶으로 하나님을 나타내고 하나님의 뜻을 이루어 나갈 민족이 되기를 원하셨다. 하나님을 이용해서 자신을 위한 생존 전쟁을 치를 사람이 아니라 자기 중심에서부터 하나님과 함께하며 하나님의 싸움을 싸울 하나님의 군대를 만들고자 하셨다.

이스라엘 가운데 하나님이 거하시는 성막이 세워짐으로 이스라엘의 모든 삶은 하나님을 중심으로 움직이게 된다. 이스라엘의 진영은 늘 성막을 중심으로 펴지게 되고 이동할 때도 성막의 핵심인 언약궤를 중심으로 이동하게 되었고 늘 성막에서 하나님을 만나고 하나님께 뜻을 물으며 하나님과 함께하게 되었다.

이렇게 이스라엘은 성막이 그들의 거주지 중심에 세워짐으로 자기의 모든 삶을 하나님 중심으로 하나님과 함께해야 하는 존재가 되었다는 정체성을 배우게 된 것이다.

그리스도인의 삶에 일어난 변화 역시 마찬가지다. 성령님께서는 예수님을 영접하는 모든 사람의 마음에 들어오신다. 죄로 인해 영의 기능이 죽어 버린 인간이 다시 영적인 존재로 회복될 수 있는 것은 성령님께서 우리 안에 들어오셨기 때문이다. 그래서 바울은 그리스도인을 향해 그리스도인 한 사람 한 사람이 성령님께서 거하시는 성령의 전이라고 말한다.

> 너희는 너희가 하나님의 성전인 것과 하나님의 성령이 너희 안에 계시는 것을 알지 못하느냐(고전 3:16).

> 너희 몸은 너희가 하나님으로부터 받은바 너희 가운데 계신 성령의 전인 줄을 알지 못하느냐 너희는 너희 자신의 것이 아니라(고전 6:19).

성령님께서 우리 마음에 거하신다는 것, 이것이 그리스도인의 정체성이다. 그리스도인이 되었다는 것은 단순히 교회에 나가서 한두 시간 얼굴 비치는 것을 말하지 않는다. 교회에서 봉사하고 착한 일을 해야 하는 사람이 되었다는 **것도 아니다**. 그리스도인은 각 사람의 마음에 계신 성령님과 함께하며 성령님을 중심으로 살아가도록 부르심을 받은 사람들이다.

성령님께서는 각 사람 안에 들어오셔서 우리를 인도하시고, 지도하시고, 보호하시며 하나님의 뜻대로 살아가도록 도와주신다. 그래서 그리스도인은 매 순간 성령님의 인도와 보호를 찾으며 성령님을 중심으로 살아가야 한다. 성령님께 하나님의 뜻을 물으며 하나님의 뜻이 이뤄지기를 기도하고, 우리의 모든 문제를 맡기고 삶을 보호해 주시기를 기도하면서 모든 삶을 하나님과 함께해 가는 것이다. 그리스도인은 자기가 성령님을 모시고 살아가는 성전이 되었다는 정체성을 잊어버리면 안 된다.

이 사실을 잊어버리는 순간부터 신앙의 변질이 시작된다. 하나님이 우리 안에 거하신다는 것은 우리의 삶 자체가 하나님 나라이며, 하나님을 예배하는 것이고 우리가 하는 모든 일이 하나님의 일이 된다는 것을 의미한다. **우리 삶의** 모든 순간, 모든 일에 하나님이 함께

하시기 때문이다. 그리스도인에게는 어떤 특별한 일이 따로 있지 않다. 그리스도인 안에 거하시는 성령님께서 그들이 하는 모든 일을 특별한 일, 하나님의 일이 되게 만드신다.

그런데 그리스도인의 특별함이 우리 안에 거하시는 성령님에게 있다는 사실을 잊어버리면 어떤 특별한 일에만 초점을 맞추는 변질이 일어나게 된다. **특별하지 않은 일상을 하나님과 함께하며** 하나님을 예배하는 일상으로 만들어 가는 '하나님 중심의 삶'을 잃어버리고 특별해 보이는 일, 위대해 보이는 일, 화려하고 자랑스러워 보이는 일에만 집중하게 되는 것이다. 성령님과 함께하는 존재라는 본질을 잃어버려도 처음에는 모든 것이 하나님을 위한 일처럼 보일 수 있다. 모든 일에 하나님이라는 이름을 가져다 붙이기 때문이다.

그러나 시간이 지날수록 본질을 잃어버린 신앙은 특별한 일과 형식에 집착하게 된다. 하나님과 함께하며 얻게 되는 만족과 기쁨을 잃어버리고 어느새 자기 자랑과 자기만족에 중독이 되어 버린 것이다. 그래서 누가 봐도 하나님의 마음과는 상관없이 내 자랑, 내 만족을 위한 일을 하면서도 하나님의 일이라고 우기며 자기 마음대로 신앙생활을 하는 일이 벌어지게 되는 것이다.

예수님 시대에 바리새인과 서기관이 그러했듯이 하나님과 함께하는 특별함을 잃어버린 사람은 쉽게 돌아오기가 힘들다. 이미 특별하고 대단해 보이는 일로 자기의 존재를 증명하는 것에 익숙해져 버렸기 때문이다. 그런 **신앙은 하나님을** 위한 특별한 일이라는 명분으로 예수님을 방해하고 예수님을 죽음에 이르게 하는 무서운 실수를 저지를 위험을 갖게 된다.

그렇기에 그리스도인은 자기 몸이 성령님을 모시고 사는 살아있는 성전이라는 정체성을 잊어버리면 안 된다. 내가 하나님을 위해 하는 일이 특별하다거나 하나님을 위한 특별한 일이 있는 것으로 생각하면 안 된다. 그리스도인의 특별함은 우리 안에 거하시는 성령님으로부터 나오는 것이다. 오직 내 안에 계시는 성령님과 소통하며 성령님과 함께하는 작은 일상에서부터 특별함이 시작된다는 사실을 기억할 때 아주 작은 일도 하나님과 함께하며 하나님을 의지하는 본질을 잃어버리지 않을 수 있다.

또 한 가지 성령님이 그리스도인 안에 거하신다는 사실은 하나님께서 그리스도인을 통해 일하시기로 작정하셨다는 것을 의미한다. 하나님께서는 그리스도인 안에 성령님을 보내 주심으로 그들이 하나님의 **형상을 드러내고**, 하나님의 능력을 드러내는 통로가 되게 하셨다. 그리스도인은 하나님을 흉내내는 사람이 아니라 실제로 그들 안에 거하시는 하나님을 그대로 보여 주는 거울과 같다.

그래서 바울은 모든 그리스도인에게 거룩한 삶을 강조한다. 그리스도인이 거룩하지 못하면 성령님께서 거하시는 성전이 더러워지게 되고, 나아가 하나님을 비추는 거울이 투명함을 잃어버리기 때문이다.

따라서 그리스도인의 잘못은 자기가 비난받는 것에서 끝나지 않고 하나님께로 향하게 된다. 사람들은 주로 그리스도인을 통해서 하나님을 볼 수 있기 때문이다. 우리가 거울을 더럽게 하면 더럽게 할수록 세상은 하나님을 왜곡해서 받아들이며, 사람들을 향한 하나님의 진심을 오해하게 될 것이다.

이와 같이 하나님은 그리스도인을 **하나님을 나타내는** 통로로 삼으시고 그들 안에 거하시는 성령님의 능력을 세상에 흘려보내게 하심으로 하나님의 일을 이루어 가신다.

이 세상은 그리스도인, 좀 더 크게 말하면 그리스도인이 모인 교회를 통해 하나님의 일하심을 경험하게 된다. 그런 점에서 모든 그리스도인은 세상의 운명을 손에 쥐고 있는 사람이라고 할 수 있다. 세상이 오직 그리스도인, 곧 교회를 통해서만 하나님을 경험할 수 있기에 우리가 얼마나 하나님을 잘 나타내는가에 따라 세상이 하나님을 알게 되기도 하고 하나님에게서 멀어질 수도 있다.

그래서 교회가 거룩함을 유지하지 못하고, 하나님의 뜻에 순종하지 못하게 되면 죄로 물든 세상은 더 이상 새롭게 될 힘을 잃어버리게 되는 것이다. 그렇기에 그리스도인은 거룩함을 유지하며 하나님께 순종하는 연습을 해 나감으로 우리를 통해 하나님께서 일하실 수 있도록 우리를 비워 드려야 한다.

나를 통해 하나님께서 일하시도록 나를 비워 드리는 것은 성령충만한 삶을 위한 필수적인 훈련이다. 실은 이것이 그리스도인의 삶의 궁극적인 모습이라고 할 수 있다. 성령님께서 우리 안에서 우리를 대신해 살아가는 것이 성령님께서 우리 안에 거하시는 이유이기 때문이다. 우리는 예수님처럼 살아야 하는 자들이지만 아무리 잘 훈련받은 사람들도 예수님처럼 살아가는 것은 불가능하다.

어느 정도 흉내낼 수는 있겠지만 진짜 예수님처럼 말하고 예수님처럼 행동하며 예수님의 마음을 가지고 사람들을 대하는 것은 불가능하다. 예수님처럼 사는 것은 오직 예수님만 가능한 것이다. 그런데 성령님께서 우리 안에서 들어오심으로 예수님처럼 살 수 있게 되었다. 내가 내 힘으로 살지 않고 성령님께서 나를 대신해 사시도록 나를 비워드리면 성령님께서 우리가 예수님처럼 살아가도록 인도해 주시기 때문이다.

예수님께서도 살아가시는 동안 성령님을 의지해서 살아가셨다. 성령님을 의지해서 말하고 성령님을 의지해서 행동하며 성령님의 능력으로 가르치고 치유하셨다. 그렇기에 우리도 내 생각과 욕심을 다 비워드리고 성령님께 맡겨 드리면 성령님을 통해 예수님처럼 살아갈 수 있게 되는 것이다. 물론, 그렇게 살아가는 것이 이론처럼 한 번에 바로 되는 것은 아니다. 당장 "나를 비워드립니다" 하고 기도한다고 우리의 인격과 언행이 바로 바뀌지는 않는다.

나의 마음을 주님께 드렸어도 금방 다시 성령님을 밀어내고 내 마음대로 행동하면서 판을 뒤집는 것이 연약한 우리의 모습이다. 또 적당히 죄책감을 느끼지 않을 정도로만 지분을 내어드리고 내 지분을 어느 정도는 유지하려고 고집을 부리기도 한다.

그러나 성령님께서 우리 안에서 일하실 수 있도록 거룩하기를 힘쓰고 또 성령님께서 나를 지배하실 수 있도록 하나님 뜻을 찾으며 순종하기를 힘쓰면 서서히 내 안에서 나의 지분은 사라지고 하나님께서 지배하시는 영역이 넓어지고 더 온전해질 것이다. 나를 비우고 성령님께 나의 삶을 맡겨 드리기 위한 노력은 그리스도인 평생의 과제이다. 조급함을 갖고 포기하면 열매를 얻을 수 없다.

우리 안에 거하시는 성령님께서 우리의 연약함을 돕고 계신다는 사실을 기억하며 끝까지 포기하지 않으면 성령님께서 우리를 온전한 하나님의 사람이 되도록 이끌어 가실 것이다. 하나님 나라를 살아가는 그리스도인에게 주어진 하나님의 성전이라는 정체성을 지키기 위해 매일매일 주님의 십자가 앞에 나아가야 한다. 십자가 앞에 모든 욕심과 자아를 내려놓고 하나님의 뜻에 순종하는 연습을 해 감으로 하나님을 온전히 나타내는 자로 세워지게 될 것이다.

> **묵상을 위한 질문**
>
> 1. 그리스도인을 특별한 존재가 되게 해 주는 정체성은 무엇인가?
> 2. 그리스도인이 자기의 정체성을 잃어버리면 어떤 일이 일어나는가?
> 3. 그리스도인은 세상의 운명을 결정짓는 존재라는 것은 무엇을 의미하며, 이것을 어떻게 생각하는가?

4. 일상을 주님과 함께하는 훈련 – 만나

이스라엘 백성은 광야를 지나는 동안 만나를 먹으며 살았다. 광야에서는 농사를 지을 수도 없고 먹을 것을 따로 구할 곳이 없었기 때문에 하나님께서 안식일을 제외한 매일 새벽에 만나를 이슬처럼 내려 주셨다. 만나는 깟씨 같이 희고 맛은 꿀 섞은 과자 같은 것으로 이스라엘 백성은 그것을 거두어 여러 가지 형태로 요리해서 먹을 수 있었다.

만나는 여러 가지 의미가 있다. 먼저는 하나님께서 자기 백성에게 필요한 것을 채우신다는 것을 보여 준다. 하나님께서는 아무것도 얻을 수 없는 광야에서 40년 동안 하루도 굶지 않도록 이스라엘 백성을 먹이셨다. 적게 거둔 자도 모자라지 않고, 많이 거둔 사람도 남지 않도록 하셨으며 안식일에는 만나가 내리지 않기 때문에 그 전날 이틀 치의 양을 거두도록 허락하셨다.

또한, 이스라엘 백성이 만나를 질려 할 때는 메추라기 고기를 먹게 하심으로 하나님께서 그들의 필요를 적당하게 채워 주셨다. 만나를 통해 이스라엘 백성은 아무것도 얻을 수 없는 광야에서도 자기 백성을 먹이고 입히시는 하나님에 대해 배울 수 있었다.

그리고 만나는 사람이 떡으로만 살 것이 아니라 하나님의 말씀으로 살아가는 것이라는 사실을 보여 준다. 이스라엘 백성이 광야에서 자기 삶을 위해 할 수 있는 일은 없었다. 농사를 지을 수도 없었고, 사냥을 할 수도 없었다. 인간이 먹고사는 데 필수적이라고 하는 그 어떤 행위도 할 수가 없었다.

그들은 오직 하나님의 말씀을 따라 움직이고 예배할 뿐이었다. 하나님께서는 그저 하나님의 명령에 따라 움직이며 하나님을 예배하는 이스라엘에게 그들이 노력하지 않은 것들을 얻게 하심으로 그들의 필요를 채워 주셨다. 이런 경험을 통해 이스라엘 백성은 사람이 농사의 기술, 사냥의 기술, 조금 더 확장해 돈을 버는 능력 등에 매달려야만 먹고살 수 있는 것이 아니라 하나님의 말씀에 순종하는 것만으로도 충분히 살 수 있다는 것을 배우게 되었다.

만나가 주는 의미는 여기서 끝나지 않는다. 만나가 주는 의미를 조금 더 확장해서 생각해 보면 만나는 하나님과 함께하는 일상을 연습해 가는 과정이라고 할 수 있다. 이스라엘 백성은 매일의 시작을 만나와 함께해야 했다. 만나는 온종일 남아 있는 것이 아니었기 때문에 매일 이른 아침에 나와서 그날 먹을 분량을 하나님으로부터 받아야 했다.

이스라엘은 매일의 시작을 하나님이 주시는 하늘의 양식을 구하는 것에서부터 해야 했다. 또, 그 만나를 가지고 이런저런 모양으로 요리하는 씨름을 해야 했고 그 만나가 주는 힘으로 하루를 버티며 살아가야 했다. 물론, 만나가 하나님의 말씀을 의미한다는 점에서 이것은 기본적으로 우리가 매일 말씀을 붙잡고 살아야 한다는 것을 의미하기도 하지만 크게 보면 결국 하나님의 말씀을 붙잡고 산다는 것 자체가 하나님과 함께한다는 것을 의미한다.

그렇기에 만나는 우리에게 주어진 일상을 하나님과 함께 버텨내고, 하나님과 함께 씨름하고, 하나님이 주신 힘으로 살아가야 한다는 것을 보여 주는 도구이기도 하다. 이번 장에서 우리가 집중해야 할 부분이 이것이다. 모든 그리스도인은 하나님 나라를 살아가는 사람이 되기 위해 일상을 하나님과 함께하는 일상으로 바꾸어가야 한다. 좀 더 정확하게 말하면 우리의 일상이 하나님의 일상이 되도록 만드는 것이다.

그리스도인이 주어진 일상을 하나님과 동행하는 것은 아주 기본적이고 당연한 말이다. 그러나 지금 말하는 것은 단순히 동행을 말하는 것이 아니라 그리스도인에게 주어진 일상을 무시하지 않는(소홀히 하지 않는) 연습에 관해 말하는 것이다. 정말 많은 **그리스도인이 자신에게 주어진 일상**을 무시하면서 살아간다.

여기서 말하는 일상은 매일의 시간과 일정 그리고 공간과 사람들을 포함해 자기가 처한 상황과 가족, 아픔과 고난, 과거의 상처 등을 다 포함하는 것이다. 그 모든 것이 모여서 지금 숨쉬는 '나'가 만들어진 것이기 때문이다.

처음 인간에게 주어진 일상은 하나님께서 인간을 위해 만들어 주신 것을 누리고 관리하며 하나님과 함께하는 기쁨과 행복이 가득했다. 그런데 인간이 죄를 지으면서 일상이 망가져 버렸다. 사람이 누려야 하는 자연이 저주받아 본연의 모습을 잃어버리고 인간은 평생을 땀 흘리며 수고해야 일상을 유지 할 수 있게 되었다.

또한, 사람의 욕심으로 인해 관계에 문제가 생기게 되며 서로를 고통으로 몰아넣는 관계가 되었다. 천국과 같았던 일상이 지옥 같은 일상으로 변해 버린 것이다. 그래서 사람들은 지옥 같은 일상을 외면하고 싶어 한다. 하루하루 살아가기 위해 땀을 흘리며 수고해야 하는 일상은 너무 고통스럽고 지루하다. 매일 직장과 학교에서 만나야 하는 사람들 역시 나를 고통스럽게 한다.

관계가 때론 기쁨을 주기도 하지만 어떤 관계는 다시는 마주치고 싶지 않은 아픔을 가져다 주기도 한다. 우리에게 주어진 일상은 그런 관계를 매일매일 마주하도록 만들기에 이런 지루하고 고통스럽고 진흙탕 같기만 한 일상을 애써 무시하려고 하는 것이다. 그래서 시선을 지금 주어진 나의 상황과 하루의 일상에 맞추기보다는 아직 오지 않는 미래의 어떤 날, 어떤 공간에 두고 살아가는 것이다.

오늘보다 나아질 내일을 꿈꾸는 긍정적인 마음을 갖는 것이 아니라 그냥 지금의 이 현실을 회피할 곳이라면 어떤 곳이든 상관없이 그곳에 마음과 시선을 돌리며 살아간다. 그렇지만 우리에게 주어진 일상은 하나님께서 선물로 주신 것이다. 하나님께서는 인간이 죄를 짓는 순간 일상을 거두어 가실 수 있었다. 죄에 빠진 인간을 다 없애거나 아니면 구원받는 순간 천국으로 이동을 시키실 수도 있었다. 하지만 하나님은 그렇게 하지 않으셨다.

인간이 죄로 물든 일상과 모든 상황을 그대로 감당하면서 하루하루를 살아 내도록 내버려 두셨다. 하나님께서 그렇게 하신 이유는 인간이 일상을 유지하기 위해 땀흘려 수고하고 또 깨어진 관계들을 헤쳐 나가는 이 과정을 통해 얻어야 할 것이 있기 때문이다. 하나님께서 인간에게 허락하신 것 중에 의미가 없는 것은 하나도 없다.

인간에게 남겨진 일상은 하나님 나라의 시민으로 만들어져 가는 과정이다. 인간은 하루하루 하나님 앞에서 성실하게 살아가면서 하나님 앞에서 자기의 존재와 특성을 찾아가게 된다. 하나님께서 나를 어떻게 지으셨는지, 왜 존재해야 하는지, 무엇을 하면서 살아야 하는지를 깨닫게 되는 것이다.

또한, 나에게 찾아오는 모든 고통을 통해 하나님을 찾고 답을 얻어가는 과정에서 나의 죄와 약함을 깨닫게 되고, 그런 나를 기다리시고 받으시는 하나님의 사랑을 깨닫게 된다. 그렇게 일상을 붙잡고 하나님과 씨름하는 모든 과정에서 하나님 나라에 합당한 존재로 변화되어가는 것이다. 일상은 그렇게 하나님 앞에서 나의 존재를 발견하며 하나님의 사람으로 훈련하는 훈련소와 같다.

그래서 우리가 이 일상을 어떻게 대면하고 살아가느냐에 따라 우리가 하나님 앞에서 어떤 존재로 살아가게 될 것인지가 결정된다. 하나님 나라의 시민이 된다는 것은 한순간의 변화가 아니다. 어제까지 세상을 즐기며 세상을 따라가다가 예수님이 다시 오신다고 갑자기 하나님 나라의 시민이 되지 않는다.

지금 살아가는 이 땅에서, 우리의 일상에서부터 하나님을 섬기는 연습을 하며 천국의 시민으로 준비되어 가야 한다. 하나님을 섬기는 연습은 죄 때문에 지옥같이 망가져 버린 일상을 하나님의 임재가 있는 곳 하나님 나라로 만들어 가는 것을 말한다. 즉, 죄와 사망의 권세에 굴복하는 삶을 벗어나 하나님을 찾고, 하나님과 함께하며 하나님께서 일하실 수 있는 곳으로 만들어 가는 것이다.

1) 정직하게 통과하기

일상을 하나님과 함께 살아간다는 것은 두 가지를 의미한다. 먼저는 일상을 정직하게 받아들이고 정직하게 통과하는 것이다. 앞에서도 언급했듯이 많은 사람이 일상을 그냥 넘겨 버리고 싶어 한다. 일확천금을 얻어서 경제의 자유, 곧 시간의 자유를 얻으려 하거나 다른 여러 가지 기회를 얻어 일상을 벗어난 삶을 살고 싶어 한다.

요즘 젊은이들의 꿈은 건물주다. 대학생이건 중고등학생 이건 심지어는 중년에 이르기까지 모두가 건물주가 되고 싶어 한다. 힘들게 직장생활 하지 않고 지긋지긋한 일상을 벗어나 월세만 받으면서 자유롭게 살 수 있기 때문이다. 평생을 놀고먹으면서 여행만 다니는 꿈을 이루기 위해 돈 많은 백수가 되고자 하는 것이다. 많은 사람이 그것을 목표로 살아간다. 그것을 위해 직장을 다니고, 돈을 모으고, 재테크를 한다.

일상을 벗어나고자 하는 꿈은 미래의 바람으로만 그치지 않는다. 사람들은 자기 상황과 현실을 잊어버리기 위해 가상의 현실 속으로 숨어 버린다. 페이스북이나 인스타에 올라오는 다른 사람들의 모습을 보며 그들의 모습을 동경하고 또 내가 찍은 여러 사진을 올리면서 마치 내가 진흙탕 속에 있지 않고 화려하고 괜찮은 삶을 사는 것처럼 보이고 싶어 한다.

SNS를 통해 일상에서 도피해 환상 속에서 살아가고자 하는 시도는 너무 뻔하지만 이것은 정말 잘 먹히는 사탄의 전략이다. 이제는 자기가 음식을 먹는 건지, 사진이 음식을 먹는 건지 구별되지 않는 지경에 이르렀다.

어떤 사람들은 음식을 먹기 위해 음식점에 가지 않는다. 인스타용 사진을 찍기 위해 빵집에 가고 카페에 가며 여행조차도 인스타를 위해 다닌다. 보잘것없어 보이는 현실의 자기를 대신할 가상의 나를 꾸미기 위해 살아가는 것이다. 이런 현상은 사람들이 얼마나 자기 일상과 현실을 직면하기 싫어하는지를 잘 보여 준다.

SNS뿐만이 아니다. 그것으로도 일상에서 도피하지 못해서 사람들은 웹툰과 웹소설, 유튜브와 넷플릭스 같은 미디어의 바다에 빠지기도 한다. 그리고 그들은 얼마 되지 않는 시급을 받으며 일하는 낮의 자기와 퇴근 이후의 자기를 완전히 구분한다. 그리고는 밤을 때 일하던 구차하고 초라한 자기를 잊어버리게 만드는 밤의 세계, 미디어의 세계로 빠져든다.

사람들은 밤의 세계에서 쉽게 빠져나오지 못한다. 잠을 자야 할 시간에도 미디어를 붙잡고 늘어진다. 눈을 감고 잠에서 깨면 지겹고 짜증나는 일상이 찾아오기 때문이다. 그래서 조금이라도 더 늦게 자고, 더 환상의 세계에 붙잡혀 있고 싶어 한다. 그리고는 그렇게 낮과 밤이 완전히 바뀐 채로 가짜 나를 가지고 멍한 모습으로 일상에 나타나는 것이다.

이렇게 일상을 외면하고 살아가면 우리는 절대로 하나님의 사람으로 성장할 수가 없다. 우리에게 주어진 현실과 씨름하는 속에서 하나님을 만나고 하나님을 알아갈 수 있기 때문이다.

하나님은 환상 속에서 만날 수 있는 분이 아니다. 인간은 각자에게 주어진 현실에서 하나님을 찾게 되고, 그 속에서 하나님의 임재와 도움을 경험하게 된다. 인간은 참으로 간사해서 고난이 없으면 하나님을 찾지 않는다. 죄에 빠진 인간이 양심적이어서 하나님을 찾는 것이 아니다.

인간이 하나님을 찾는 것은 수많은 관계의 어려움과 삶의 압박, 자기의 멍청함 때문에 찾아오는 고통을 혼자서는 감당할 수 없어서 하나님을 찾는 것이다. 애굽의 노예로 있던 이스라엘이 힘든 노역 속에서 하나님께 부르짖을 수밖에 없었던 것처럼 말이다.

죄에 빠진 인간에게 수고와 고통이라는 제약을 추가하신 이유가 이것이다. 욕심에 오염이 된 인간에게 제약 없는 자유까지 주어진다면 인간은 영원히 하나님을 떠나버릴 것이다. 끝없이 자기를 높이고 끝없이 쾌락을 추구하며, 나의 편안함과 즐거움을 위해 다른 사람을 짓밟는 것까지 주저하지 않고 살아갈 것이다. 이런 우려는 이미 현실에서 너무 진부하게 일어나는 일 중 하나이다.

그래서 하나님께서는 수고와 고통이 있는 일상을 허락하셔서 고난 속에서 하나님을 찾도록 하셨다. 그래서 모든 인간은 나에게 주어진 상황과 하루하루의 일상을 정직하게 통과해 나아갈 때 그 속에서 나의 죄와 연약함을 발견하며 하나님께 나아갈 수 있다. 또 그렇게 일상에서 하나님의 함께하심을 갈망하는 과정을 통해 우리는 하나님의 사람으로 완성되어 간다.

하나님의 함께하심은 그냥 주어지는 것이 아니기 때문이다. 평범한 일상을 하나님이 함께하시는 하나님의 일상, 곧 하나님 나라로 만들기 위해서는 하나님과 동행하기 위한 훈련을 해야 한다. 하나님의 뜻을 이해하는 법을 배우고, 하나님의 인도를 받는 법을 연습하고 또 하나님의 뜻에 순종하기 위한 도전과 실패를 반복하는 것이다. 일상을 무시하지 않고 그곳에 하나님의 임재를 갈망하며 살아간다면 그런 모든 과정은 결국 우리를 하나님의 사람으로 성장시켜 갈 것이다.

가나안 땅을 향해 나아가는 이스라엘 백성에게 일상은 아무것도 없는 척박한 광야였다. 이스라엘 백성은 사람이 살기 어려운 광야의 현실을 그대로 직면해야 했다. 그들도 광야의 삶을 피하고 싶어 했지만, 하나님께서는 그들을 광야로 보내셔서 그 속에서 하나님을 찾고, 하나님께 순종하는 법을 훈련하게 하셨다. 이스라엘이 통과한 광야는 그 어떤 곳보다 지겹고 고통스럽고 황량한 곳이었다.

자기 인생이 이런 비참한 곳에서 아무런 빛도 발하지 못하고 끝날 것이라는 두려움을 안고 하루하루 하나님만 바라보며 그곳을 지나가야 했다. 이스라엘에게 다른 길은 없었다. 그대로 애굽으로 돌아가서 죽임을 당하거나 어렵고 지겨워도 하나님의 인도를 따라 그곳을 정직하게 통과해 내는 것뿐이었다.

이스라엘은 그렇게 하나님의 인도를 따라 꾸역꾸역 광야를 통과해 내었고 마침내 하나님의 훌륭한 군대가 되어 약속의 땅 가나안에 들어갈 수 있었다. 우리에게 주어진 일상 역시 그러하다. 우리에게 주어진 일상이 만만치 않은 곳이고 지겹고 힘든 곳이지만 그곳은 우리를 성장시키고 하나님의 은혜를 경험하게 하는 곳이다.

일상을 피하면서 하나님의 은혜를 얻는 방법은 없다. 묵묵히 하루하루를 하나님을 찾으며 살아가고, 하루하루 찾아오는 모든 고통과 슬픔 그리고 모든 만남과 여러 가지 일 속에서 하나님의 뜻과 의미를 찾아가면 견뎌내야 한다. 그것을 통해 우리는 온전히 하나님을 섬기는 하나님 나라의 시민으로 성장하게 될 것이다.

2) 지겨운 일상을 의미 있게 만드는 힘 - 말씀

우리에게 주어진 일상을 하나님 나라로 만들어 가기 위해 꼭 필요한 것이 있는데, 그것은 하나님의 말씀이다. 각자에게 주어진 어려운 일상을 잘 통과해 가기 위해서는 반드시 하나님의 말씀을 가지고 씨름하며 일상을 버텨 나가야 한다. 이스라엘이 광야를 통과할 때

매일 하늘의 양식인 만나를 가지고 살았던 것처럼 우리도 매일 말씀을 붙잡고 살아가야 한다.

하나님의 말씀이 필요한 이유는 말씀이 삶의 의미를 찾아주기 때문이다. 말씀은 기본적으로 우리의 삶을 바른길로 인도하고 일상을 이길 힘을 준다. 그리고 그에 더해 말씀은 우리에게 찾아오는 모든 아픔과 슬픔, 여러 가지 만남과 생각하지 못한 일들이 어떤 의미가 있는지를 깨닫게 해준다. 누군가에게는 일상에서 찾아오는 수많은 일이 지긋지긋한 고통이고, 짜증 나는 관계들로만 받아들인다.

일상에서 **맛있는 것을 먹으며** 좋은 차를 타고, 남들보다 조금 더 좋은 것을 보고 좋은 것을 입는 것 말고는 더 큰 의미를 발견하기가 어렵다. 그러나 일상에서 하나님의 말씀을 붙잡는 사람들에게는 나에게 찾아오는 수많은 일이 하나님의 인도와 사랑으로 인식되며 나에게 주는 징계와 나를 돌아보게 하는 거울로 여기게 된다.

하나님의 말씀 안에서 모든 상황은 다 의미가 되고 은혜가 되며, 하나님께 사용되는 도구로 인식되기 때문이다. 예수님께서는 참새 한 마리가 팔리는 것조차도 하나님의 허락이 없이는 이루어지지 않는다고 말씀하셨다.

우리는 매일 찾아오는 모든 상황을 그냥 재수 없는 일, 또는 누군가의 악행으로만 받아들일 것이 아니라 그 속에서 하나님의 의미를 찾기 위해 하나님의 말씀 앞으로 나아가야 한다. 그래야만 그것이 우리의 영성과 인격을 훈련하는 기회로 작동할 수 있기 때문이다.

우리에게 찾아오는 여러 가지 문제를 만날 때, 세상 사람처럼 술을 마시며 넘기고, 친구들과 수다떨며 넘겨 버리면 우리에게 성장은 없다. 그런 인생은 하나님께도 사용될 수 없어서 그저 그런 삶이 반복될 뿐이다. 그러나 말씀 속에서 의미를 찾고, 하나님의 말씀을 붙잡고 인내로 버티며 견뎌 나가는 사람은 그러한 상황을 세상 사람과 다르게 반응하며 지나갈 수 있다.

다른 사람들은 그냥 욕하고 술 마시며 지나갈 때, 말씀을 붙잡는 사람은 그런 가운데서 하나님의 뜻을 생각하는 여유와 다른 사람을 섬길 수 있는 힘이 주어진다. 상황 자체가 만만치 않기에 똑같이 힘이 들지만 그런 상황 속에서도 복음을 전하며 하나님 앞에서 내가 해야 할 일을 해 나가게 된다. 말씀 속에서 모든 일의 의미를 발견하기에 모든 삶에 최선을 다하며, 그것을 하나님의 기회로 만들어 갈 수 있는 것이다.

그리고 하나님께서는 그런 인생을 사용하신다. 어떤 상황에서도 하나님의 뜻을 찾아가는 훈련이 되어 있고, 하나님의 말씀에 순종할 준비가 되어 있기에 하나님께 붙들려 사용되는 인생이 될 수 있는 것이다.

하나님의 말씀을 붙잡는 인생은 절대로 하나님이 주신 일상을 무시하지 않는다. 하나님의 말씀 속에는 수많은 사람의 일상이 녹아들어 있기 때문이다. 요셉은 온통 억울함으로 도배되어 있는 일상을 그대로 통과해 내며 애굽의 총리가 되었다.

요셉의 일상에는 그를 배신한 형제들, 억울하게 누명을 씌운 여인, 자기의 꿈 해석을 잊어버린 자들뿐이었다. 그로 인해 금보다 귀한 청소년기, 청년의 시절을 종살이와 감옥 생활로 보내야 했다. 그러나 요셉은 그에게 주어진 일상을 무시하지 않았다. 자기에게 주어진 상황을 그대로 마주하며 하나님을 위해 최선을 다해서 살았고, 그런 성실함을 가는 곳마다 인정받게 된다. 하나님께서는 그런 요셉을 사용하셔서 자기 이름을 애굽에 나타내신다.

다윗의 일상도 진흙탕이었다. 다윗은 사람들이 꺼리는 양 치는 일을 혼자 도맡아서 해야 했다. 그렇지만 다윗은 그 일을 소홀히 하지 않았다. 다윗은 이때 훈련된 물매질을 가지고 골리앗을 때려눕혔다. 다윗의 이 한 방은 사람들이 흔히 생각하는 그 한 방과는 의미가 전혀 다른 것이었다. 사람들은 자기 현실을 회피할 한 방을 원하지만, 다윗은 자기의 초라한 현실과 사람들의 괄시를 뒤로하고 성실하게 살아온 모든 일상을 담은 한 방을 만들어 냈다.

다윗은 사울을 피해 도망을 다니며 목숨을 구걸할 때도 그에게 주어진 상황을 그대로 받아들이며 대단하지 않은 사람들 억울한 자, 빚진 자들과 함께 삶을 의미 있게 살아 내었다. 그리고 하나님께서는 그런 일상을 통해 훈련된 **다윗을 이스라엘**의 왕으로 삼아 주셨다.

이처럼 성경은 온통 고통스러운 일상을 믿음으로 살아낸 사람들을 기록하고 있다. 그래서 말씀을 붙잡고 살아가는 사람은 고통과 슬픔이 가득한 일상을 통과하지 않으면 영광도 없다는 사실을 깨닫게 된다. 그리고 이미 고통스러운 일상을 먼저 통과해 낸 사람들의 기록을 보면서 그 일상을 어떻게 버티고 돌파해 내야 하는지도 배우게 되는 것이다.

우리에게 주어진 일상이 고통스럽고 지겹게 **느껴질 수 있다**. 그것이 인간이 지은 죄의 결과이며 죄로 인해 파괴된 관계가 가져다주는 아픔이기 때문이다. 그러나 하나님의 말씀은 그런 일상을 은혜와 기회로 바꾸어 준다. 우리가 어떤 태도로 일상을 통과해야 하는지를 가르쳐 주고, 그런 문제를 은혜로 바꾸는 법을 가르쳐 주기 때문이다. 우리에게 남겨진 일상은 우리가 하나님을 만나고, 하나님의 사람으로 세워져 가기 위해 주어진 기회다.

그 일상이 어떤 상태이든 그곳에서 **하나님과 함께 하기를** 훈련하며, 하나님의 공간으로 만들어 갈 때, 하나님 나라를 확장시켜 가는 사람으로 성장시켜 주실 것이다. 나아가 하나님께서 우리의 마음과 시선을 바꾸어 주셔서 지겹게 느껴지는 일상을 만족과 기쁨, 관계가 주는 위로와 평안히 가득한 일상이 되게 하실 것이다.

묵상을 위한 질문

1. 처음 인간에게 주어진 일상은 고통스러운 것이 아니었다. 그런데 왜 우리의 일상은 고통과 슬픔을 가져다주게 되었는가?

2. 지루하고 고통스러운 일상을 정직하게 통과할 때 우리가 얻는 유익이 무엇인가?

3. 사람들은 여러 가지 방법을 통해 일상을 회피하려고 한다. 이중 내가 주로 사용하는 방법은 무엇이며 일상을 회피하는 이유는 무엇인가?

5. 노예근성 - 죄성

그리스도인은 예수님을 믿고 죄에서 해방되었다. 바로와 애굽의 군대가 홍해에서 몰살된 것처럼 죄와 사망의 권세는 우리에게서 힘을 잃어버렸다. 그런데 우리는 아직도 죄에 매인 것처럼 여전히 죄를 짓고 살아간다. 많은 그리스도인이 고민하는 문제가 이것이다.

예수님을 믿고 주님을 따라 살기로 했음에도 아직도 죄를 짓는다는 것에 혼란스러워한다. 그래서 내가 예수님을 제대로 영접하지 않았다고 생각하거나 하나님이 나를 버리셨다고 생각하기도 한다. 이러한 고민은 로마서에도 나타난다.

로마서에서 바울은 자기가 죄와 사망의 권세에서 해방되었다고 선언한다. 그런데 곧바로 다음 장에서 자기 안에 있는 육신의 소욕이 죄로 이끈다고 고백하고 있다.

이것이 정말 해방된 사람의 모습이라 할 수 있는가?

출애굽 한 이스라엘 백성은 어떠한가?

이스라엘 백성 역시 애굽을 탈출한 이후에도 여전히 하나님의 백성이 아닌 것처럼 행동한다. 열 가지 재앙을 통해 바로에게서 탈출했지만 이내 홍해에 가로막히고, 다시 애굽의 군대에 쫓기는 상황에서 이스라엘 백성은 하나님을 섬기는 것보다 애굽에서 바로를 섬기는 것을 선택한다.

> 우리가 애굽에서 당신에게 이른 말이 이것이 아니냐 이르기를 우리를 내버려 두라 우리가 애굽 사람을 섬길 것이라 하지 아니하더냐 애굽 사람을 섬기는 것이 광야에서 죽는 것보다 낫겠노라(출 14:12).

그들에게 어려움이 닥치고 죽게 될 상황이 되자 하나님 섬기기를 포기하고 애굽으로 돌아가겠다는 것이다. 이 장면은 이스라엘이 아직 바로의 힘에서 완전히 벗어난 것이 아니기에 그럴 수 있다고 이해할 수 있다. 그런데 아이러니한 것은 이스라엘 백성은 홍해를 건너 바로의 영향력에서 완전히 벗어난 상황에서도 애굽을 그리워한다.

그들은 애굽에서 완전히 해방되어 하나님을 섬기는 백성으로 부르심을 받았음에도 여전히 하나님을 시험하고 불평하며 하나님을 전적으로 신뢰하지 못한다. 심지어는 애굽에서의 삶을 그리워하며 "애굽에서 죽었더라면, 애굽에 남아 있었더라면" 하는 말까지 서슴지 않는다.

> 이스라엘 자손이 그들에게 이르되 우리가 애굽 땅에서 고기 가마 곁에 앉아 있던 때와 떡을 배불리 먹던 때에 여호와의 손에 죽었더라면 좋았을 것을 너희가 이 광야로 우리를 인도해 내어 이 온 회중이 주려 죽게 하는도다(출 16:3).

이 말이 실제로 애굽으로 돌아가겠다는 말이 아닌 그들에게 닥친 절망적인 상황에 대한 푸념과 탄식이라 할지라도 이스라엘 백성이 아직 여호와의 백성, 여호와의 군대로써 온전하게 기능하지 못하고 있음을 보여 준다.

이러한 상황을 이해하기 쉽게 표현하면 '노예근성'이라고 할 수 있다. 이스라엘 백성은 애굽에서 노예로 살던 상황에 너무 익숙해져 있었다. 그들은 하나님의 백성으로 자유롭게 살면서 어떤 새로운 도전을 하거나 위험한 상황이 생기는 것보다 자유가 없이 끊임없는 노역을 하더라도 안정적으로 밥이 나오고 잠을 잘 수 있었던 상황이 좋았다.

그래서 그들은 새로운 위험 요소가 나타나면 자꾸 안정적이었던 이전의 삶으로 돌아가고 싶어 하는 마음을 품은 것이다. 이스라엘의 이러한 모습은 그들이 해방되지 않아서 그런 것이 아니라 그들이 하나님의 백성이 될 준비가 되지 않았다는 사실을 보여 준다. 몸은 해방이 되었고 상황은 변했는데, 아직 그들이 해방된 자유의 몸으로, 하나님을 섬기는 모습으로 살아갈 만큼 훈련되지 못했다.

이러한 마음은 이스라엘 백성이 시내산 앞에서 저지른 금송아지 사건을 통해도 알 수가 있다. 이스라엘 백성은 출애굽 한 이후 시내산에 머무르면서 하나님으로부터 율법을 받는다. 모세는 하나님께 십계명을 받으러 시내산에 올라가서 오랜 시간을 내려오지 않았다. 이스라엘 백성은 모세가 내려오지 않자, 아론에게 몰려들어 금송아지를 만들게 한다. 그런데 여기서 이스라엘이 하나님을 어떻게 여기고 있는지가 드러난다.

출애굽기 32:1에서는 이렇게 말하고 있다.

> 백성이 모세가 산에서 내려옴이 더딤을 보고 모여 백성이 아론에게 이르러 말하되 일어나라 우리를 위하여 우리를 인도할 신을 만들라 이 모세 곧 우리를 애굽 땅에서 인도하여 낸 사람은 어찌 되었는지 알지 못함이니라(출 32:1).

이스라엘 백성이 아론에게 요청한 것은 금송아지가 아니었다. 그들이 원한 건 그들을 인도할 신이었다. 이것을 다른 각도에서 생각해 보면 그들이 하나님을 어떻게 생각하는지 알 수 있다. 그들에게 있어서 하나님은 섬기고 함께할 대상이 아니라 지긋지긋한 애굽 땅에서 인도할 신중의 하나이며, **이 광야**를 벗어나게 해 줄 신중의 하나였다.

그들에게는 하나님을 섬기고 하나님의 백성이 된다는 마음과 개념 자체가 없었다. 그저 자기들을 좀 더 나은 곳으로 인도할 신이 필요할 뿐이었다. 그리고 그런 필요를 충족시키지 못하는 신이라면 얼마든지 미련 없이 갈아치울 수 있었다.

이것이 이스라엘 백성이 이미 해방이 되었지만 해방되지 않은 것처럼 살고 있었던 이유이다. 그들의 몸은 해방이 되었지만 그들의 마음과 정신은 해방되지 못했다. 이전에 바로를 섬기던 삶의 모습에 매여서 하나님이 어떤 분이신지, 하나님을 어떻게 섬겨야 하는지, 그들이 하나님의 백성이라는 것이 어떤 의미인지를 몰랐던 것이다.

한 마디로 그들은 하나님을 섬길 준비가 전혀 안 되어 있었다. 그래서 그들이 구원받은 이후에도 하나님의 백성으로 준비되기 위한 광야의 여정이 남아 **있었다**. 그들은 구원받은 후에 하나님의 백성으로 살기 위한 율법을 받았고, 하나님의 백성으로 하나님을 섬기며 살기 위해 성소를 지어야 했다. 그리고 그 이후에도 하나님을 온전히 신뢰하며 하나님만 섬기기 위한 훈련이 계속되었다. 그들의 노예 근성을 없애기 위한 작업이 광야에서 40년 동안 진행 된 것이다.

그리스도인이 죄에서 해방되었음에도 해방되지 못한 것처럼 사는 이유가 여기 있다. 죄가 우리를 강제적으로 끌어가거나 매어 둘 수 없지만, 아직도 죄 속에서 살았던 죄의 습성이 남아 있기 때문이다. 다르게 표현하면 우리의 영이 살아서 영적인 존재로 자유롭게 살 수 있게 되었지만 죄 속에 살던 육신의 몸이 그때를 그리워하고 있기에 다시금 죄 속에서 살려는 행동이 나타나는 것이다.

이것을 우리는 '죄성'이라고 표현한다. 죄성은 구원받은 사람의 마음에 남아 있는 죄의 성질이다. 이것에 대해 바울은 '육신의 소욕', '육신의 생각'이라고 표현하고 있다.

이전에 육신의 생각과 원리로만 살았던 삶은 습관처럼 남아서 계속 그렇게 행동하며 살고자 하는 마음을 가져다 준다. 이런 죄성을 다스리고 억제하는 것은 쉬운 일이 아니다. 이스라엘이 광야에서 하나님을 의심하며 애굽으로 돌아가고자 하는 것을 보고 쉽게 그들을 비판하기도 하지만 그것이 우리의 모습일 때가 많다. 우리 역시 예수님을 믿었지만, 아직도 하나님을 의심하고 죄를 좋아하며 하나님보다 내 뜻을 앞세울 때가 많다.

죄를 지으려고 마음먹어서가 아니라 육신의 연약함과 육신의 소욕 때문에 세상의 유혹에 힘없이 무너지게 된다. 그래서 그리스도인에게는 해방된 이후에도 훈련과 성장이 필요하다. 사탄은 그리스도인에게 주어진 하나님 나라(구원, 생명)를 박탈할 수 없다.

사탄은 우리를 죄짓는 곳에 강제로 집어넣을 수도 없다. 우리를 강제할 힘을 상실했기 때문이다. 그러나 우리를 유혹할 수 있고, 우리 안에 있는 죄성(노예근성, 육신의 소욕, 죄의 습관)을 자극해서 넘어뜨릴 수 있다. 그리스도인이 죄에서 해방되었음에도 계속해서 하나님 나라에 가기까지 성장하며 훈련해야 하는 이유는 그러한 유혹과 공격을 이기고 온전한 해방을 누리기 위해서다.

우리가 예수님을 믿을 때 받는 감격은 모든 것이 다 이루어진 것처럼 느껴지게 한다. 이제 다시는 죄를 안 지을 수 있을 것 같고, 평생을 하나님만 바라보면서 살 수 있을 것처럼 느끼게 된다. 그런 감정이 거짓말은 아니다.

정말 하나님만 바라보면서 살고 싶었고, 다시는 죄를 짓지 않을 것이라는 기쁨의 고백이 있었다. 하지만 우리가 아직 영으로 육신을 다스리며 사는 것에 익숙하지 않기 때문에 그러한 감정들이 식고 시간이 지나면 다시 이전의 삶으로 돌아오게 된다. 신앙생활은 감정이 아니라 하나님을 신뢰하며 영적인 **것들을 선택해** 가는 치열한 싸움이기에 감정만으로는 그 결심을 지켜갈 수가 없는 것이다.

부부간의 사랑을 비유로 설명해 보면 이해하기가 쉽다. 연인이 처음 만나서 연애할 때는 사랑의 감정이 넘치게 된다. 사랑에 눈이 먼다는 표현을 사용할 정도로 처음에는 사랑의 감정이 뜨겁고 열정적이다. 그래서 사랑에 눈이 멀면 모든 것을 초월하게 되고 모든 것이 수용되고 모든 단점이 장점처럼 보이는 기적이 일어난다.

이때는 인간의 이성이 마비된다. 사랑하는 감정으로만 도배되어 아무리 멀어도 찾아가게 되고 어떤 힘든 것도 다 해줄 수 있다. 일상이야 어떻게 되든 말든 모든 초점이 사랑하는 연인에게 맞춰서 삶을 살아가게 된다. 어떤 이는 그런 순간적이고 정열적인 감정이 있기에 사람이 결혼을 할 수 있는 것이라고 말할 정도로 연인의 사랑은 신비한 경험을 가져다준다.

그렇지만 막상 결혼해서 함께 살면서 그 사랑의 모습이 달라진다. 이것을 연인 사이에서는 "사랑이 식었다"라는 말로 표현하지만, 그것은 사랑이 식은 것이 아니라 이제야 사랑의 열병이 치유되어서 제정신을 찾은 것이다. 모든 사람이 평생 그런 뜨거운 감정으로만 살아간다면 연인끼리는 알콩달콩 재미있겠지만 그 **주변은 엉망이** 되어 버릴 것이다.

온통 삶이 연인에 대한 감정으로만 뒤덮여서 이성적이고 현실적인 판단과 행동을 하지 못하기 때문이다. 그런데 사랑의 열병에서 치유되어 이성을 찾게 되면 그동안 너무 주관적으로 보여서 사랑스러웠던 것들이 객관적으로 보이고 서로를 객관적으로 대하게 된다. 부부는 이런 과정에서 조율하고 다투어 가며 서로 맞추어 가게 된다.

실은 이때부터가 진정한 결혼 생활이 시작된 것이라고 할 수 있다. 서로에게 뜨거웠던 감정이 끝나고 서로의 단점이 보이기 시작해도 서로 맞춰가고 품어주며, 기다려주고 섬기면서 진정으로 하나되어 가는 과정이 시작된 것이다. 이러한 변화는 "이 사람이 연애 때는 다 해 줄 것처럼 하더니 결혼하니까 변했다"라고 주장을 하며 사기꾼으로 몰아갈 만한 사기극이 아니라 인간의 심리와 몸의 변화가 그렇게 일어나기 때문에 생기는 현상이다. 그래서 결혼 생활을 잘 유지하기 위해서도 서로를 이해하고 헌신적으로 사랑하고 섬기기 위한 노력과 훈련이 필요하다.

신앙생활도 이와 같다. 우리가 평생을 구원의 감격으로만 이끌어 갈 수 없으므로 우리에게 주어질 하나님 나라를 **바라보는** 훈련, 믿음으로 영적인 것을 선택하는 훈련을 지속해야 한다. 앞에서 말한 것처럼 이스라엘 백성이 40년 동안 광야에서 생활하며 가나안으로 가는 모든 과정이 이러한 훈련의 일환이었다.

> 네 하나님 여호와께서 이 사십 년 동안에 네게 광야 길을 걷게 하신 것을 기억하라 이는 너를 낮추시며 너를 시험하사 네 마음이 어떠한지 그 명령을 지키는지 지키지 않는지 알려 하심이라(신 8:2).

그리스도인의 신앙생활은 예수님을 믿고 구원을 받은 것으로 끝난 것이 아니다. 구원받아 영적인 존재가 되었지만 우리는 여전히 미완성이며, 육체의 몸이 가지고 있는 죄의 근성이 남아 있기 때문이다. 마음과 생각에서까지 하나님의 자녀다울 수 있도록 노예근성, **죄성에서 벗어나기 위한 훈련**을 하며 성장하는 과정이 필요하다.

하나님의 말씀을 배우고 하나님을 중심으로 살아가는 연습, 경건 훈련을 통해 하나님의 다스림에 순종하고 자기를 절제하는 **연습을 매일매일, 평생 해야 한다**. 이러한 과정을 거치지 않고 구원받았다는 사실에만 안도하며 살아간다면 그는 여전히 죄에 이끌려 방황하는 삶을 살아가게 될 것이다.

 묵상을 위한 질문

1. 구원받은 이스라엘이 홍해를 건너 해방을 얻었음에도 애굽을 계속 그리워한 것은 무엇에서 해방되지 못했기 때문인가?

2. 사탄은 구원받은 그리스도인에게 강제력을 행사할 힘을 잃어버렸다. 그럼에도 그리스도인이 계속 죄에 넘어지는 이유는 무엇인가?

6. 노예근성에서 해방

이스라엘 백성은 언제 이런 노예근성을 벗어 버릴 수 있었을까?

광야를 지나던 이스라엘 백성의 모습을 보면 오랫동안 노예근성이 그들을 붙잡고 있었다는 사실을 알 수 있다. 그러나 광야에서의 오랜 훈련 과정을 통해 이스라엘 백성은 마침내 하나님의 명령에 순종하는 하나님의 군대로 성장을 하게 된다.

물론, 그들이 가나안에 들어가 세대가 바뀌면서 다시 패역한 삶을 살긴 하지만 적어도 광야를 지나 가나안 땅으로 들어갈 때만큼은 하나님의 군대로 성장한 모습이 나타난다. 그들이 포기하지 않고 광야의 삶을 직면하며 하나님과 함께하는 훈련을 해 감으로써 영적인 성장을 이루게 된 것이다.

그들이 40년의 광야 훈련을 통해 출애굽 당시와 완전히 다른 존재가 되었다는 것은 길갈에서 행한 할례를 통해 알 수 있다. 하나님께서는 가나안 땅에 들어가기 위한 첫 번째 관문인 여리고성 앞에서 이스라엘 백성에게 할례를 명령하신다. 하나님께서 할례를 명령하신 이유는 이렇다.

이스라엘 백성은 출애굽 이후에 광야를 지나서 처음 가나안 땅 앞에 이르게 된다. 그러나 '열두 정탐꾼의 보고'를 들은 이스라엘 백성이 가나안 땅으로 들어가기를 두려워하자 하나님께서는 그들의 불평과 불순종을 보고 이스라엘 백성을 다시 광야 길로 돌려보내신다. 금방 끝날 수 있었던 광야의 생활이 40년으로 늘어나게 된 것이다. 광야에서 40년의 세월이 지나면서 출애굽 1세대는 여호수아와 갈렙을 제외하고 모두 죽는다.

모세는 요단강을 건너지 못한 채로 죽음을 맞고 새로운 지도자인 여호수아와 함께 출애굽 2세대 이스라엘은 요단을 건너게 된다. 이스라엘 백성은 원래 태어나면 팔일 만에 할례를 행해야 했다. 할례는 하나님의 백성이 된 언약의 표시로써 행해졌다. 이스라엘 백성 중 애굽에서 태어난 사람들은 할례를 받았지만, 광야에서 태어난 자는 계속된 이동으로 할례를 행할 수 없어서 이스라엘 백성 중 대부분이 할례를 받지 못한 상태였다.

그래서 하나님께서는 가나안 땅에 들어가기에 앞서 이스라엘에 언약 백성으로서의 증표인 할례를 행하라고 말씀하신다.

> 여호수아가 할례를 시행한 까닭은 이것이니 애굽에서 나온 모든 백성 중 남자 곧 모든 군사는 애굽에서 나온 후 광야 길에서 죽었는데 그 나온 백성은 다 할례를 받았으나 다만 애굽에서 나온 후 광야 길에서 난 자는 할례를 받지 못하였음이라 (수 5:4-5).

이것은 이스라엘이 치러야 할 가나안 정복 전쟁이 이스라엘 백성의 생존을 위한 싸움이 아니라 하나님의 이름을 위한 여호와의 군대로서의 싸움이라는 것을 **보여 준다.**

그런데 하나님께서 명령하신 길갈에서의 할례는 하나님 백성이라는 증표의 기능과 함께 또 다른 의미가 있다. 지금 이스라엘 백성이 할례를 행하고 있는 위치는 여리고성 앞이다. 홍수로 범람하고 있는 요단강을 건너서 여리고성과 자기들 사이에 아무런 장애물이 없는 곳에서 할례를 행하고 있다.

이런 행동은 목숨을 걸어야만 할 수 있는 행동이다. 여리고성 주민들은 이스라엘 백성이 자기들을 정복하기 위해 오고 있다는 것을 알고 있었다. 그렇기에 어떻게든 틈만 있으면 이스라엘을 공격하러 나올 수 있는 상황이었다. 그런데 그런 여리고성 앞에서 이스라엘은 대놓고 할례를 행하고 있다.

창세기에 나오는 야곱의 딸 **디나의 사건**을 기억한다면 이 장소에서 할례를 하는 행위가 얼마나 위험한지 알 수 있다. 야곱이 삼촌 라반의 집에서 돌아와 형 에서가 있는 곳으로 올라가던 도중 야곱의 가족들은 세겜 지역에 머물게 된다. 그리고 야곱의 딸 디나가 그곳의 처녀들을 보러 나갔을 때 그 지역 족장의 아들인 세겜이 디나를 강간하게 된다.

디나를 사랑하게 된 세겜은 디나를 데리고 야곱의 가족에게 가서 디나와 혼인을 하게 해 달라고 한다. 이때 야곱의 아들들이 너희도 우리처럼 할례를 하면 혼인을 허락하겠다고 말했고, 이 말을 좋게 여긴 족장 하몰은 자기에게 속한 모든 남자에게 할례를 행한다. 여기서 사건이 발생한다.

당시 할례는 마취도 없이 이루어졌기 때문에 극심한 고통이 수반될 수밖에 없었다. 그들이 할례 후 고통속에 있은지 삼일이 되는 때에 야곱의 두 아들, 레위와 시므온이 가서 그곳의 모든 남자를 몰살시키는 사건이 벌어진다. 이 장면은 할례라는 것이 얼마나 고통스러운 일인가를 보여 준다. 할례는 많은 남자가 장정 두 명에게 몰살당하는 동안 아무것도 할 수 없게 만들만큼 고통스러운 것이었다.

다시 길갈로 돌아와서 생각을 해 보면 지금 여리고성 앞에서 이스라엘이 하는 행동은 그때와 같은 위험을 불러올 수 있는 행동이다.

차라리 요단강을 건너기 전에 할례를 하는 것이라면 홍수로 범람하고 있는 요단강이 방패가 되어 줄 수 있지만 지금 이스라엘 백성은 무방비 상태에 노출되어 있다.

누구라도 나와서 칼을 들고 이스라엘을 친다면 이스라엘의 모든 사람은 아무것도 못 하고 그냥 죽어야 하는 상황이다. 물론, 하나님께서 여리고성에 두려움을 주셔서 그들이 나올 생각조차 못 하고 있었지만(수 5:1; 6:1), 이스라엘은 그러한 사실을 알지 못했기에 할례를 하기 위해서는 목숨을 거는 각오가 되어 있어야 했다.

그렇기에 하나님의 명령에 순종해 할례를 행하는 것은 **이스라엘이 자기의 생명을 걸고 하나님께 순종하는 하나님의 군대가 되었음을 증명하는 사건**이라고 할 수 있다. 여호수아는 하나님의 명령에 따라 이스라엘 백성에게 할례를 행한다. 그리고 할례를 행한 이스라엘 백성에게 하나님께서는 이렇게 말씀하신다.

> 여호와께서 여호수아에게 이르시되 내가 오늘 애굽의 수치를 너희에게서 떠나가게 했다 하셨으므로 그곳 이름을 오늘까지 길갈이라 하느니라(수 5:9).

하나님께서는 할례를 행한 이스라엘 백성에게 "내가 오늘 애굽의 수치를 너희에게서 떠나가게 했다"고 말씀하신다. 여기서 말하는 애굽의 수치는 이스라엘의 몸에 배어 있는 노예근성을 말한다. 이스라엘은 애굽을 벗어나 하나님의 백성이 되었음에도 오랫동안 애굽의 노예처럼 생각하고 행동했다. 그런데 이제야 그런 애굽의 수치, 노예근성이 벗겨지게 되었다는 것이다.

이스라엘 백성에게 애굽에서 삶은 모욕적이고 수치스러운 역사였다. 다른 나라에서 그렇게 보는 시선도 그렇지만 자기들의 몸에 그런 기억이 각인되어 있다는 사실은 그들을 더욱 괴롭게 했을 것이다. 이스라엘이 이런 치욕스러운 타이틀을 벗어 버릴 수 있었던 것은 그들이 40년 동안 광야에서의 훈련을 마쳤기 때문에 가능한 것이었다. 처음 애굽에서 나올 때는 하나님의 군대라고 불릴 만한 모양이 하나도 없었던 사람들이 이제는 죽음을 두려워하지 않고 하나님의 명령에 순종할 만큼 성장을 한 것이다.

그리스도인에게 남아 있는 죄성 역시 이런 훈련을 통해 벗겨 낼 수 있다. 우리에게 있는 죄성은 너무 강해서 도저히 벗어날 수 없을 것 같은 생각이 들기도 하지만 포기하지 않고 하나님 앞에 훈련되기를 힘쓰면 이스라엘 백성이 그랬던 것처럼 반드시 새로워지는 날이 오게 된다.

그리스도인이 온전한 모습으로 성장하기 위해서는 여러 가지 훈련을 받아야 하는데 이때 중요한 것은 어떤 훈련을 받는지가 아니라 어떤 훈련이든 성령님께 온전히 집중하게 하는 것이다. **죄성에서의 해방은 성령님을 통해 가능하기 때문이다.**

> 내가 이르노니 너희는 성령을 따라 행하라 그리하면 육체의 욕심을 이루지 아니하리라(갈 5:16).

바울은 그리스도인이 육체가 이끄는 욕심에서 벗어날 방법에 관해 설명한다. 방법은 아주 간단하다 그리스도인이 육체를 따라서 행동하지 않고 **성령님을** 따라 살아가면 육체의 욕심에서 벗어날 수가 있다. 예전에는 이 말씀을 들을 때마다 이해가 되지 않았다.

이 구절을 읽고 이 구절에 대한 목사님들의 설교를 듣고 또 **제자훈련**을 할 때조차도 이런 생각을 지울 수가 없었다.

'이 몸에 있는 엄청난 죄의 습관들을 고작 성령님을 따라 행동하는 걸로 통제가 가능하다는 것인가?

이게 말처럼 쉬우면 대체 나는 아직도 왜 이 모양이란 말인가?'

그런데 이제야 이 말이 무엇을 의미하는지 알게 되었고 그것이 가능하다는 사실을 깨닫게 되었다. 이 구절은 '강화'라는 의미로 받아들이면 이해하기가 쉽다.

우리가 무엇을 하지 않아야 겠다거나 어떠한 죄를 짓지 말아야 겠다는 것에 집중하는 것은 하나님을 향해서 옳은 생각이지만 성령님께 집중하는 생각은 아니다. 무엇을 하지 말아야 한다고 생각하기보다는 하나님께서 기뻐하시는 것을 찾아서 그것을 행동해 가는 것이 중요하다.

우리가 늘 훈련해야 하는 기도와 말씀 시간을 갖고 믿음의 지체들과 함께 예배를 드리는 등, 하나님께서 기뻐하시는 일들을 끊임없이 해 나아가는 것이다. 처음에는 그렇게 기도하고 말씀을 보면서도 죄를 짓게 된다. 어떤 이는 처음이 아니라 어느 정도 시간이 흐른 후에도 여전히 죄의 유혹을 이기지 못한 채로 살아가기도 한다.

그런데 그것을 포기하지 않고 계속 성령님께서 기뻐하시는 일들을 반복하게 되면 그 일이 강화되기 시작한다. 처음 기도할 때는 10분만 해도 지겹고 힘이 든다. 나의 모든 죄와 나라와 민족, 세계의 평화와 안녕도 모자라 온 우주를 위해 기도해도 눈을 떠보면 아직 10분이 지나지 않는다.

그런데 기도하다 보면 기도가 훈련되면서 기도의 내용도 더 많아지고 기도가 깊어진다. 그러면 10분이었던 기도 시간이 30분이 되고 1시간이 되고 2시간이 된다. 그리고 그렇게 기도할수록 기도의 능력과 은혜를 맛보게 되고, 무엇을 하든 기도와 함께하는 일상을 살게 된다.

이렇게 되면 이제는 죄를 짓지 말아야 된다고 생각하지 않아도 죄를 지을 기회가 줄어들게 된다. 신기한 것은 **죄를** 짓고 싶은 마음도 사라지게 된다는 것이다. 죄를 약화하는 것에 집중한 것이 아니라 성령님을 따라 사는 것을 강화해 감으로 내 안의 죄성이 통제되고, 점차 온전한 해방이 이루어지게 된 것이다.

기도뿐만 아니라 말씀을 보고 예배를 드리고 믿음의 사람들과 함께 교제하고 봉사하는 등 성령님께서 기뻐하시는 일에 집중하면 자연스럽게 성령님이 주시는 마음이 우리를 지배하게 되고 우리는 육체의 욕심을 이기는 존재로 성장하게 된다. 그런데 이것은 말처럼 쉬운 일은 아니다.

앞에서 말한 것처럼 하나님께 순종하는 자로 성장하기 위한 여러 가지 훈련의 과정을 거쳐야 한다. 하나님의 뜻을 찾고, 성령님의 인도를 받으며, 성령님께 순종하는 훈련이 동반되어야만 이렇게 성령님이 기뻐하시는 일을 강화하는 삶을 살아갈 수 있게 된다. 이스라엘은 하나님으로부터 애굽의 수치가 벗어졌다는 선언을 듣기 위해 40년이라는 시간 동안 하나님께 집중하는 훈련을 받았.

우리 역시 이런 훈련과 집중이 오랜 기간 이루어져야 한다는 사실을 기억해야 한다. 몇 번 도전해 보고 그만두거나 1-2년 해보고 안 된다고 돌아서면 성령님이 기뻐하시는 일들에 집중해 가는 강화는 일어나지 않는다. 내가 20년이 넘는 시간을 죄를 짓는 것에 단련되어 살아왔으면서 고작 1-2년을 도전해 본 것으로 삶이 바뀔 수 있다고 생각하는 것은 인생을 기만하는 것이다. 우리가 매일매일 성령님께 집중하기 위한 훈련을 착실히 해 갈 때 조금씩 죄의 습관에서 벗어나게 되고 하나님의 군사라는 타이틀에 걸맞은 모습으로 **성장하게 될 것이다.**

7. 성령 체험

그리스도인은 성령님께 집중하며 성령님을 따라가기 위한 훈련을 통해도 성장하지만, 하나님께서 강권적으로 일하셔서 우리를 변화시켜 주실 때가 있다. 그것이 바로 '성령세례'라고도 부르는 성령 체험이다. 성령 체험은 성령님께서 그리스도인 안에 강하게 임재하시는 것을 말한다.

성령님께서 강하게 임하시면 하나님을 향한 뜨거움과 불타는 열정, 하나님을 향한 온전한 갈망과 사랑이 나타나게 되고, 세상을 향해서는 한없는 평안과 기쁨 그리고 긍휼과 사랑이 나타나게 된다. 그리스도인이 성령 체험을 하면 어떤 일이 일어나는지를 찬송가 436장 〈나 이제 주님의 새 생명 얻은 몸〉에서 잘 표현하고 있다.

> 나 이제 주님의 새 생명 얻은 몸 옛것은 지나고 새 사람이로다
> 그 생명 내 맘에 강 같이 흐르고 그 사랑 내게서 해 같이 빛난다.
> 주 안에 감추인 새 생명 얻으니 이전에 좋던 것 이제는 값없다.
> 하늘의 은혜와 평화를 맛보니 찬송과 기도로 주 함께 살리라.
> 산천도 초목도 새것이 되었고 죄인도 원수도 친구로 변한다.
> 새 생명 얻은 자 영생을 누리니 주님을 모신 맘 새 하늘이로다.
> 영생을 누리며 주 안에 살리라 오늘도 내일도 주 함께 살리라.

성령 체험은 사람의 마음을 완전히 새롭게 한다. 죄인과 원수를 향한 증오와 혐오도 사라진다. 내가 처한 환경과 상황에 관계없이 모든 것이 감사와 기쁨이 되고 우리를 향한 하나님의 사랑으로 느껴

지게 된다. 자연환경이 새롭게 보이고 어떤 사람들은 초목과 새들이 하나님을 찬양하는 소리를 듣기도 한다. 이런 체험은 우리의 죄성에도 영향을 미친다.

세상의 유혹에 이끌려 한없이 세상을 향해 달려가던 마음이 하나님께 온전히 고정된다. 하나님을 향한 사랑과 열정으로 하나님만 바라보게 되고 하나님과의 사이를 막는 모든 죄가 미워지고 더럽게 느껴지게 된다. 이전에는 죄가 아니었던 것들이 죄로 여겨지게 되고 이전에는 죄가 즐거웠지만, 이제는 세상의 즐거움들이 의미 없게 여겨지게 된다.

성령의 체험은 우리를 완전히 새롭게 한다. 이것은 우리의 의지와는 관계가 없다. 하나님께서 강권적으로 역사해서 우리를 새로운 경험으로 인도하시는 것이다.

그렇지만 안타깝게도 성령 체험을 통해 변화된 마음은 평생 유지되지는 않는다. 그리스도인은 여전히 육체의 몸을 입고 있고, 죄악이 가득한 세상 안에서 살아가고 있기 때문이다. 그래서 성령 체험을 통해 변화된 사람도 그 마음을 붙잡고 끊임없이 하나님 앞에서 훈련되어야 한다. 성령 체험을 뜨겁게 한 후에 하나님 앞에서 훈련되기를 소홀히 하면 그 사람은 이전보다 더 타락하고 교만해질 위험에 처하게 된다.

그럼에도 성령 체험은 우리에게 너무나 중요한 은혜이다. 사람의 힘으로는 절대로 도달할 수 없는 성장으로 이끌기 때문이다. 그리스도인이 그런 경험을 한 후에 하나님을 향한 열정과 사랑이 강화되도록 잘 훈련되기만 하면 그 사람은 세상이 감당할 수 없는 존재가 되어 세상 속에서 하나님의 능력과 영광을 나타내는 자로 살아가게 될 것이다.

성령 체험은 딱 이렇다 할 법칙이나 형식이 없다. 예수님을 믿는 모든 사람에게 성령님께서 들어오시지만 예수님을 믿는다고 모든 사람이 **강한** 성령 체험을 하는 것은 아니다. 성령 체험을 강하게 하는 사람이 있지만 강한 체험 없이 서서히 **성령충만한** 삶으로 인도되는 사람도 있다. 예수님을 처음 믿을 때 성령 체험을 하는 사람이 있는가 하면 오랜 시간 예수님을 믿은 후에 성령 체험을 하는 사람도 있다.

또 성령 체험을 할 때 나타나는 현상도 다양하다. 그래서 어떻게 하면 성령 체험을 할 수 있는지를 말하기는 쉽지 않다. 그러나 분명한 것은 하나님께서 사모하는 자에게 은혜를 주신다는 것이다. 간절히 하나님을 찾고 찾으면 하나님은 반드시 우리에게 은혜를 베풀어 주신다.

> 너희가 악할지라도 좋은 것을 자식에게 줄 줄 알거든 하물며 너희 하늘 아버지께서 구하는 자에게 성령을 주시지 않겠느냐 하시니라(눅 11:13).

하나님께서는 항상 간절함을 요구하신다. 성령님을 경험한 사람들이 공통으로 하는 말은 두 가지다.

첫째, 성령님을 만나기를 정말 간절히 원했다는 것
둘째, 하나님께서 말씀하시면 순종하겠다는 마음이 있었다는 것

따라서 이 두 가지를 하나로 합치면 그들은 하나님 만나기를 간절히 원했고, 하나님을 만나면 무엇을 말씀하시든 순종할 준비를 하고

있었다는 것을 알 수 있다.

이들의 간절함은 대부분의 그리스도인이 생각하는 간절함과는 차이가 있다. 많은 사람이 착각하는 것 중 하나가 간절함이라는 것을 '소리 지르는 것'이라고 생각하는 것이다. 많은 사람이 수련회에 가서 이렇게 기도한다.

'하나님, 저도 좀 만나 주세요!
왜! 쟤한테만 은혜를 주세요?
저에게도 뭔가 확실하고 분명한 것을 경험하게 해 주세요!'

사람들은 이렇게 소리를 지르는 것으로만 나의 간절함을 표현하려고 한다. 이것도 간절함을 표현하는 중요한 방법이지만 이건 반의 반쪽짜리 간절함이라고 할 수 있다. 쉽게 표현하면 '수련회 때만 간절한 것'이다. 우리가 살아가는 모든 일상에서 성령님께는 관심 없이 내 맘대로 세상을 따라 살다가 수련회에 가서만 소리를 지르는 것이다.

수련회 때는 다른 사람들은 눈물 흘리며 기도하니까 나만 은혜를 못 받는 것 같아서 억울하기도 하고, 또 지금 이렇게 살면 지옥 갈 수 있을 것 같다는 마음이 들어서 소리를 지르면서 나름 간절하게 기도하지만 그런 간절함은 딱 그때뿐이다. 일상으로 돌아오면 하나님이라고는 흔적도 찾을 수 없다.

그런데 그런 마음으로는 하나님을 만날 수가 없다. 성령님에 대한 간절함은 우리의 마음과 생각, 행동에서 모두 나타나야 한다. 즉, 그런 간절함이 우리의 모든 일상 속에서 나타나게 되는 것이다.

성경을 읽어도 대충 읽지 않는다. 시간이 날 때마다 성경을 읽고, 말씀을 묵상한다. 그뿐만 아니라 하나님의 음성을 더 정확하게 듣기 위해 말씀을 암송하기까지 한다.

기도도 20-30분 앉아 있다가 일어서지 않는다. 오늘 만나 주지 않으면 안 된다는 간절함으로 할 수 있는 대로 하나님을 붙잡고 늘어진다. 오늘 안 되면 그걸로 끝나지 않고 하나님께서 만나 주실 때까지 끝까지 하나님께 나아간다. 하나님을 경험하고 하나님께 순종하기 위해 걸어가며 말씀을 읽고 기도 한다. 심지어는 앉아서도 말씀을 생각하고 누워서도 기도한다.

또 나에게 성령님이 임하시지 못하게 하는 죄가 있는지를 샅샅이 찾아서 고백하고 또 죄가 나를 더럽히지 못하도록 조심하고 또 조심하며 살아간다. 이것이 진짜 간절함이다. 이런 간절함으로 하나님을 바라고 기도할 때 우리는 성령님을 경험할 수 있다.

물론, 이렇게 한다고 언제 어떻게 성령님을 경험할 수 있다고 단정 짓기는 어렵다. 하나님이 언제 어디서 어떻게 우리를 만나 주실 것인지는 모두 하나님의 주권에 달린 것이기 때문이다. 그러나 우리가 간절히 성령님을 찾으면 성령님이 주시는 능력으로 죄를 이기며 살아갈 수 있는 은혜를 반드시 허락하실 것이다.

묵상을 위한 질문

1. 하나님께서는 이스라엘의 어떤 모습을 보고 그들에게서 애굽의 수치가 떠나갔다고 선언하셨는가?

2. 성령님을 쫓아 행하라는 갈라디아서 5:16의 말씀은 무엇을 말하는 것인가?

3. 성령님을 경험하기 위한 간절함은 삶에서 어떤 모습으로 나타나는가?

8. 공동체 - 이스라엘 열두 지파

구원받은 그리스도인이 하나님 나라를 살아가는 하나님의 백성으로 성장하기 위해 꼭 필요한 요소가 있다. 그것은 공동체다. 하나님께서는 그리스도인에게 공동체를 선물로 허락하셔서 그들이 그 안에서 보호받고 양육 받으며 성장할 수 있게 하셨다.

하나님께서는 출애굽 한 이스라엘이 공동체로 성장하며 함께 하나님의 명령을 수행하게 하셨다. 하나님께서는 영적으로 성숙한 모세 한 사람을 통해 일하지 않으셨다. 군이 부족하고 고집스러우며 문제가 많은 이스라엘 전체를 구원하셔서 그들을 통해 하나님을 드러내고자 하셨다. 하나님께서 이스라엘 전체를 통해 일하신 것은 그들이 단순히 한 민족이기 때문이 아니다. 하나님께서 의도적으로 이스라엘 공동체를 부르신 것이다.

하나님께서는 이스라엘을 열두 지파로 나누셔서 지파별로 대표를 세우시고 각 지파에 따른 역할과 위치를 주셨다. 하나님께서 이스라엘의 조직을 나누신 것은 그들이 함께 움직이지만 각자에게 주어진 다른 특성을 가지고 유기적으로 서로를 세워가고 보완해 가도록 하기 위해서였다. 하나님이 정해 주신 질서 속에서 각자에게 주어진 역할을 감당하며 한몸처럼 움직일 수 있는 공동체가 되길 원하신 것이다.

이스라엘은 광야를 지나는 동안 하나님께서 정해 주신 자기 역할과 위치를 가지고 하나님을 중심으로 움직이게 되었고, 이런 공동체성이 이스라엘의 정체성이 되어 이스라엘은 열두 지파가 하나되어 하나님을 섬기는 민족으로 세워지게 되었다.

이런 공동체성을 보여 주는 장면이 여호수아 22장에도 등장한다. 여호수아 22장에는 이스라엘이 정복 전쟁을 마치고 르우벤 지파와 갓 지파 그리고 므낫세의 반지파가 자기들이 얻은 땅으로 돌아가는 장면이 나온다. 이들 세 지파는 요단강 동쪽에서 얻은 땅에 먼저 자리를 잡아 처자식과 가축들을 남겨두고 다른 지파들과 함께 전쟁에 참여했다. 그래서 모든 전투가 끝나자 다른 지파들과 함께 땅을 분배받지 않고 그들의 땅으로 돌아가게 된 것이다.

이 세 지파는 그들이 얻은 동쪽 땅으로 돌아가자마자 요단 언덕 가에 큰 제단을 쌓는다. 그리고 이것을 본 다른 지파들은 동쪽에 땅을 얻은 지파들이 하나님이 아닌 다른 신에게 제사를 드리는 줄 알고 찾아와 그들을 설득하고 타이른다.

여호수아 22:20 말씀을 보면 동쪽에 땅을 얻은 세 지파에게 다른 지파의 대표들이 이렇게 말한다.

> 세라의 아들 아간이 온전히 바친 물건에 대하여 범죄하므로 이스라엘 온 회중에 진노가 임하지 아니하였느냐 그의 죄악으로 멸망한 자가 그 한 사람만이 아니었느니라 하니라(수 22:20).

다른 지파의 대표들은 요단 언덕 가에 큰 제단을 쌓고 있는 지파들을 향해 아간의 범죄를 상기시킨다. 가나안 정복 전쟁을 치르면서 아간이 범죄 한 사건 때문에 이스라엘 전체가 전쟁에서 패배를 하고 많은 사람이 죽게 된 사건을 떠올리고 있는 것이다.

그러면서 그들은 혹시 그 땅이 어떤 문제가 있어서 그런 것이라면 차라리 이쪽 땅에서 우리와 같이 땅을 나누자고 말하며 그들을 설득

한다. 이스라엘의 대표들이 이런 말을 하는 이유는 동쪽 편에서 땅을 받은 세 지파가 짓는 죄가 그들의 죄로만 여겨지지 않고 이스라엘 전체에 영향을 미치기 때문이다.

이 장면은 이스라엘이 각 지파로 별개가 아니라 하나로 연결되어 있는 공동체라는 것을 보여 준다. 이스라엘은 각 지파나 개인으로서 하나님 앞에 존재하지 않고 열두 지파가 하나로 연결되어 하나님의 뜻을 드러내는 제사장 민족으로 부름을 받았기 때문이다. 이스라엘은 늘 공동체로 하나님의 뜻을 받았고 공동체가 함께 하나님의 일에 동참해야 했다.

나아가 그들의 범죄마저도 각 개인이나 지파의 실수로 끝나지 않고 이스라엘 전체가 그 죄에 대한 대가를 치르며 함께 고통을 감당해야 했다. 이스라엘 백성은 자기들이 그렇게 공동체로 묶여있다는 사실을 알고 있었고 그래서 다른 지파들이 범죄 하지 않도록 그들을 설득하고 그들에게 자기들의 몫을 나누어주려고 한 것이다.

하나님께서 이스라엘 백성을 공동체가 되게 하신 것은 그들이 구별된 민족으로 부름을 받았기 때문이다. 그들은 하나님의 백성으로 선택되면서 세상 사람과 다른 방식으로 삶을 살아야 하는 존재가 되었다. 이제는 하나님이 주시는 율법을 가지고 세상 사람과 다르게 살아가며 하나님을 드러내는 사명이 그들에게 주어진 것이다.

그래서 하나님께서는 세상과 다른 모습으로 살아가도록 부르심을 받은 사람들을 한몸으로 부르셔서 그들이 서로 돕고 격려하며 서로를 세워가도록 하신 것이다.

하나님께서 그리스도인을 교회로 부르신 것도 같은 원리이다. 하나님께서는 예수님을 믿고 영적인 존재가 된 그리스도인이 혼자서 신앙생활을 하도록 두지 않으셨다. 그들을 예수님의 몸 된 교회, 공동체로 부르셔서 함께 신앙생활을 하게 하셨다.

하나님께서 그리스도인을 함께 신앙생활 하게 하신 것은 그들이 세상으로부터 구별된 존재로 부르심을 받았기 때문이다. 성령님을 통해 영적인 삶을 살게 된 그리스도인은 이제 육적인 것을 따라 살아가는 세상과 다른 방식과 다른 시선, 다른 원리를 가지고 살게 되었다. 영적인 삶을 유지하며 영적인 힘을 가지고 세상을 변화시키고 하나님의 나라를 확장하는 사명을 받게 된 것이다.

하나님은 그렇게 세상으로부터 부르심을 받은 사람들을 교회로 부르셔서 그들이 함께 영적인 생활 방식을 공유하고 함께 사랑과 선행을 격려하며 하나님 앞에서 온전히 성장해 가도록 하셨다.

교회는 그리스도인을 보호하는 영적인 벙커와 같다. 앞에서 말한 것처럼 그리스도인은 구원받는 순간 영적인 신생아로 새로운 삶을 시작하게 된다. 그래서 모든 그리스도인은 예수님을 믿게 되면 이후에 영적인 성장을 위한 여러 과정을 거쳐야 한다.

육신의 성장을 위해서도 오랜 시간이 필요하듯이 영적인 성장도 한순간에 이루어지지 않는다. 오랫동안 말씀과 기도 속에서 영적인 영양분을 공급받아야 하고 또 영적인 방법과 원리를 훈련하는 인내의 시간을 거쳐야 한다. 그리스도인이 거듭나면서부터 영적으로 성숙해지고, 나아가 영적인 군사가 되기까지 많은 시간이 소요되는 것이다.

그런데 문제는 세상에서 일어나는 영적 전투는 그러한 성장을 기다려 주지 않는다는 것이다. **사탄은 그리스도인을 넘어뜨리기 위해 수단과 방법을 가리지 않는다.** 영적으로 성숙하지 않다고 사탄이 피해가지 않는다. 오히려 그런 연약함과 미성숙함을 이용해 죄의 포로가 되게 만든다.

그래서 한 사람이 거듭나면서부터 그가 영적 군사로 성장하기까지 그의 구별됨을 유지시켜 주고 영적인 생활 방식을 익히고 영적인 힘을 기를 수 있도록 도와주는 보호소가 반드시 필요하다.

이것이 교회가 존재하는 중요한 이유이다. 하나님은 그리스도인을 교회 공동체로 부르셔서 그들이 성장하기까지 세상의 유혹과 시험으로부터 보호 받게 하시고 믿음의 선배들을 통해 영적 성숙을 이루어 가도록 하셨다.

많은 사람이 교회가 성도를 억압하고, 봉사를 많이 시키며 귀찮게 하는 곳, 상처와 아픔을 주는 곳으로 여기기도 하지만 교회는 우리를 보호하기 위해 만들어 주신 은혜의 장치다.

그래서 그리스도인은 반드시 교회 공동체 안에 함께해야 한다. 모든 그리스도인이 함께 성장하며 보호를 받도록 교회 공동체로 부르심을 받았기 때문이다. 한 사람이 구원받는 것은 하나님과 그 사람과의 개인적인 믿음의 관계로 이루어진 것이지만 구원받은 이후의 신앙생활은 공동체를 통해 이루어지게 된다.

바울은 모든 그리스도인이 머리되신 예수님의 몸, 곧 예수님의 지체로 부르심을 받았다고 선언 한다. 그리스도인 모두가 예수님의 손과 발과 같은 몸의 일부가 되었다는 것이다. 우리가 예수님의 지체로 부르심을 받았다는 것은 우리가 혼자서는 온전해질 수 없다는 사실을 말해 준다.

손과 발은 몸에서 떨어져 나와 혼자가 되면서부터 장애가 있는 몸이 되어 버린다. 손이 얼마나 힘이 세고 재주가 많은지는 상관이 없다. 그가 몸에서 떨어져 나와 혼자가 되면서부터 몸에도 큰 문제가 생기고 팔도 생명을 잃게 된다. 모든 그리스도인은 한몸으로 부르심을 받았기에 혼자서는 건강한 신앙생활을 할 수가 없다.

사람들이 혼자서 신앙생활을 하는 것이 가능하다고 생각하는 이유는 바울이 그리스도인 한 사람 한 사람을 성전이라고 표현했기 때문이다. 그런데 이것은 성경의 맥락을 무시한 채로 그 구절만 해석했기 때문에 생긴 오해이다. 이 구절들의 문맥을 살펴보면 바울이 무엇을 강조하고 싶어 했는지를 알 수 있다.

> 너희는 너희가 하나님의 성전인 것과 하나님의 성령이 너희 안에 계시는 것을 알지 못하느냐 누구든지 하나님의 성전을 더럽히면 하나님이 그 사람을 멸하시리라 하나님의 성전은 거룩하니 너희도 그러하니라(고전 3:16-17).

> 너희 몸이 그리스도의 지체인 줄 알지 못하느냐 내가 그리스도의 지체를 가지고 창녀의 지체를 만들겠느냐 결코 그럴 수 없느니라 창녀와 합하는 자는 그와 한몸인 줄을 알지 못하느냐 일렀으되 둘이 한 육체가 된다 하셨나니 주와 합하는 자는 한 영이니라 음행을 피하라 사람이 범하는 죄마다 몸 밖에 있거니와 음행하는 자는 자기 몸에 죄를 범하느니라 너희 몸은 너희가 하나님께로부터 받은 바 너희 가운데 계신 성령의 전인 줄을 알지 못하느냐 너희는 너희 자신의 것이 아니라(고전 6:15-19).

이 말씀을 보면 바울이 그리스도인을 향해 하나님의 성전이라고 말한 것은 그들이 혼자서 온전한 교회이기에 혼자서도 충분히 신앙생활을 잘 할 수 있다고 말한 것이 아니라는 것을 알 수 있다.

바울은 그들에게 그리스도인은 성령님을 모시고 살아가는 거룩한 성전이라는 것을 강조하고 있다. 고린도 교회 안에 이방인들도 하지 않는 음행을 담대하게 저지르는 사람들을 보면서 성령님을 마음에 모시고 살아가는 너희는 음행을 피하고 거룩하게 살아야 하는 존재라고 말하고 있는 것이다.

그뿐만 아니라 바울은 다른 서신서에서도 우리가 그리스도의 지체로서 곧 교회의 일부분이기 때문에 그리스도 안에서 함께 지어져 가야하고 성령 안에서 하나되기를 힘써야 한다고 반복해서 강조 한다.

이런 바울의 말은 그저 교회 안에서 친하게 지내자는 말을 하고 있는 것이 아니다. 우리가 이제 한몸으로 부르심을 받았기 때문에 온전한 한몸이 되어 가기를 힘쓸 때 영적인 건강을 지킬 수 있고 영적인 성장을 이룰 수 있다는 것을 가르쳐 주고 있는 것이다.

우리는 좋든 싫든 한몸이 되었기 때문에 온전한 한몸 공동체가 되기를 힘써야 한다. 교회에 잠깐 나와서 예배만 드리고 나가는 수준의 신앙생활이 아니라 서로의 마음과 삶을 나누며 그 삶에 함께 들어가 아픔과 슬픔을 감당하는 하나됨을 이루어 가야 한다.

사람들은 교회가 많은 문제를 일으키고 나에게 상처를 주기 때문에 교회와는 한몸이 될 수 없다고 말하지만 그러한 태도는 교만이다. 나는 문제가 많은 교회에서 보호받지 않아도 충분히 성장할 수 있다고 생각하는 것이기 때문이다.

그러나 우리는 공동체를 통해 보호를 받고 성장할 수 있도록 만들어진 존재이다. 공동체를 떠나서는 영적 건강을 유지할 수 없다. 우리가 하나님 나라를 살아가는 자로 성장하기 위해서는 반드시 공동체로 하나 되기를 힘써야 한다.

이것은 예수님을 주인으로 고백한 사람이라면 누구도 피할 수 없다. 앞에서 강조했듯이 몸의 지체는 몸을 떠나면서부터 문제가 생기기 때문이다. 특별히 예수님께서 교회의 머리가 되신다는 점을 생각하면 지체가 몸을 떠난 다는 것은 결국 머리 되신 예수님에게서 떨어져 나간 다는 것과 같기 때문에 교회를 떠난 신앙생활이란 있을 수가 없다.

바울은 영적 능력이 많은 사람이었다. 영적 능력뿐만 아니라 복음과 하나님의 구원 계획, 곧 이 세상을 운영하시는 하나님의 경륜을 이해하는 지식을 누구보다 많이 가지고 있었다. 역사상 바울만큼 하나님께 붙들려 사용된 그리스도인을 찾기는 쉽지 않다.

그런데 그렇게 성령님께 붙들려 하나님의 능력을 나타내고 성경의 지식과 영적인 세계에 대해 많이 알고 있었던 바울조차도 혼자서는 신앙생활을 해 나갈 수 없었다. 바울 역시 공동체와 함께 기도하며 하나님의 뜻을 찾았고 공동체 속에서 위로를 얻으며 두려움과 고난을 이겨낼 수가 있었다.

바울은 오랜 시험과 환난 속에서 한 개인이 아무리 뛰어나도 결국 교회 통해 위로를 받고 교회를 통해 하나님의 뜻을 찾아가며 교회가 함께 영적인 전투를 치러야 한다는 사실을 깨달았다. 그래서 바울은 교회에 편지를 쓸 때마다 너희가 한몸이 되었으니 하나 되기를 힘쓰라고 강조한 것이다. 그리스도인이 교회 공동체 안에서 위로와 힘을 얻으며 성장하도록 하신 하나님의 뜻을 깨닫기를 바랐던 것이다.

우리가 하나님 나라를 살아가는 성숙한 그리스도인이 되고자 한다면 교회 공동체를 하나님이 주신 선물로 여길 수 있어야 한다. 비록 교회가 상처를 주기도 하고 여러 가지 문제를 일으키기도 하지만 하나님께서는 그런 교회 속에서 보호 받고 성장하도록 우리를 교회로 불러 주셨다.

예수님께서 만드신 공동체도 예수님을 배신하고 떠나가는 문제가 있었고 바울이 세운 공동체들도 수많은 문제를 안고 있었다. 그러나 하나님께서는 교회에 문제가 있다고 교회를 없애 버리지 않으셨다. 하나님은 여전히 교회 공동체에 소망을 품고 계시며 우리가 그 문제 한 가운데로 들어가 하나님의 마음으로 아파하고 공동체를 온전히 세워가기를 원하셨다.

우리는 그렇게 아픔이 있는 교회를 품고 기도하며 하나되어 가기를 힘쓰는 모든 과정을 통해 하나님 나라의 군사로 세워지게 된다. 우리에게 주어진 공동체는 여전히 문제가 많고 앞으로도 문제가 있을 것이다.

그러나 그러한 공동체를 포기하지 않고 하나되기를 힘쓰면 하나님께서는 그 공동체가 나에게 힘이 되고 위로가 되어 주며 하나님의 보호와 인도를 경험하는 은혜의 선물로 돌아오게 하실 것이다.

묵상을 위한 질문

1. 하나님께서 이스라엘을 열두 지파로 나누셔서 조직적으로 움직이게 하신 이유는 무엇인가?

2. 하나님께서는 구원받아 이미 영적인 존재가 된 그리스도인을 왜 굳이 교회로 부르셨는가?

3. 아무리 뛰어난 사람도 혼자서는 온전한 교회로 기능할 수 없다는 것에 대해 당신은 어떻게 생각하는가?

9. 하나님 나라에서의 삶

　이스라엘 백성은 여러 가지 훈련을 통해 하나님의 백성으로 성장하며 가나안 땅으로 들어가게 되었다. 그리스도인 역시 광야와 같은 인생 여정이 끝나면 하나님께서 약속하신 완성될 하나님 나라, 새 하늘과 새 땅에 들어가게 된다. 하나님 나라, 곧 천국이 전체적으로 어떤 모습인지를 정확하게 묘사하는 것은 어렵다.

　성경에서 하나님 나라에 관해 설명하지만, 그것이 전부가 아니기 때문이다. 또 우리가 알지 못하는 세계를 기록한 것이기에 성경의 글만 가지고 하나님 나라에 대한 이미지를 그려 내는 것에는 오류가 있을 수밖에 없다. 인간은 자기가 경험하고 이해한 것을 바탕으로 정보를 받아들이기 때문이다.

　그러나 성경에서 하나님 나라에 관해 말할 때 아주 분명하게 초점을 맞추는 것이 두 가지가 있다. 하나는 하나님이다. 그곳은 하나님이 중심이시며 하나님이 빛이 되시고, 하나님으로부터 모든 것이 공급되며 하나님을 예배하며 살아가는 곳이라고 말한다. 우리가 살아가는 세상은 모든 것이 불분명하다.

　하나님조차도 우리의 눈으로 볼 수 없어서 하나님을 잊어버리지 않기 위해 믿음을 작동시켜야 하고, 말씀과 기도를 붙잡아야 한다. 그러나 하나님 나라에서는 영원히 하나님과 함께한다. 하나님을 놓치거나 잊어버릴 염려가 없다. 모든 것을 채우시고 만족하게 하시는 하나님이 주시는 것을 영원히 누리며 살게 될 것이다.

　우리가 하나님의 임재 가운데 살아갈 수 있다는 사실은 우리가 생각하는 그 어떤 은혜보다 크다. 하나님을 얻는 것은 모든 것을 얻는 것이다. 이 땅에서 하나님을 경험할 때 인간은 무한한 기쁨과 평안을 누리게 된다.

그 기쁨은 이 세상의 그 어떤 것도 표현할 수 없고 상상할 수도 없는 것이다. 성령님을 체험하며 하나님이 주시는 평안을 누려본 사람들은 그런 경험은 이 땅에서 경험한 그 어떤 기쁨보다 크고, 이 땅의 어떤 언어로도 표현할 수 없는 감정이라고 고백하며 자기가 그 상태에서 벗어나고 싶지 않았다고 간증한다.

그런데 하나님 나라는 그것이 일상이 되는 곳이다. 하나님을 만나며 하나님의 사랑이 무한하게 주어지기에 우리는 모든 것을 얻은 존재, 곧 인간이 상상도 할 수 없는 기쁨과 평안을 누리며 살아가는 존재로 살아가게 될 것이다.

또한, 성경이 말하는 천국은 슬픔과 고통, 이별이 없는 곳이다. 우리가 사는 세상은 우리를 고통스럽게 하는 것이 너무 많다. 관계가 깨어지는 아픔, 질병에 의한 고통, 실패의 절망, 비난과 짓밟힘에 의한 고통, 억울함에 의한 **분노**, 하다못해 나의 멍청한 짓으로 인해 눈물지으며 잠자리에 들게 만드는 것이 우리가 살아가는 인생이다.

우리에게 찾아오는 여러 가지 아픔은 인생의 즐거움을 빼앗아 간다. 이별의 아픔을 겪어보면 그 아픔이 일상을 뒤덮는 것을 경험하게 된다. 아무것도 손에 잡히지 않고 아무것도 즐겁지 않다. 즐거운 일이 없어서가 아니라 이별의 슬픔이 너무 **고통스러워서** 즐거움을 빼앗아 가버리는 것이다.

그러나 하나님 나라는 그러한 슬픔과 고통이 없는 곳이다. 아픔도 이별도 죽음도 없다. 우리가 하나님으로부터 받은 모든 것, 즉 사랑하는 가족을 비롯한 인관관계, 일, 기쁨과 즐거움, 성취감 등 그 어떤 것도 빼앗기지 않고 온전히 누릴 수 있게 된다.

성경이 하나님 나라에서의 삶에 대해 많은 부분을 신비롭게 가리고 있기에 하나님 나라에서 우리가 어떤 형태로 살아가게 될지는 불분명하다. 하지만 확실한 것은 그곳에서는 우리가 누려야 할 것들을 절대로 빼앗기지 않을 수 있다는 것이다.

이 말은 하나님 나라가 단순히 좋은 곳이라는 말이 아니다. 앞에서 말한 두 가지의 초점이 말하는 것은 하나님 나라는 우리가 소망하던 것들을 이루어 주고, 우리의 수고와 인내, 헌신을 갚아 준다는 것이다.

사람들은 누구나 인생의 후회를 가지고 살아간다. 멍청하게 허비해 온 **세월과** 잘못된 선택을 하며 살아온 인생을 돌이키고 싶어 한다. '내 젊은 시절을 좀 더 의미 있게 더 도전하며 살아볼 걸' 하며 후회한다. 또 내가 사랑해야 할 사람들을 더 사랑하지 못하고, 소중한 사람들에게 집중하며 보내지 못했던 것들을 후회하기도 한다.

더러는 '내 아버지가 조금 더 살아계셨다면, 내가 사랑하는 가족을 한 번 더 만날 수 있다면 정말 마음껏 사랑할 텐데, 후회 없이 사랑을 표현하고, 안아 주고, 오롯이 그 사람에게 집중해 줄 텐데'라고 후회를 하기도 한다. 그리고 나 자신이 좀 더 당당하고, 정직하게 살지 못한 것, 나 자신을 아끼고 사랑하지 못한 것, 자기을 믿어 주고 도전해 보지 못한 것을 후회하기도 한다.

그런데 하나님 나라는 이 모든 후회를 올바로 실천할 수 있는 기회를 만들어 준다. 우리는 천국에서 내가 사랑했던 사람들을 다시 만나게 될 것이다. 내 소중한 사람들을 후회 없이 사랑할 기회가 다시 주어지는 것이다.

그뿐만이 아니다. 하나님 나라에서는 하나님 앞에서 온전히 받아들여진 나로 살아가게 된다. 다른 사람의 눈치를 볼 필요도 없고 돈 때문에 내 개성과 나의 자존심을 버리며 살 필요도 없다. 모든 것이 하나님 앞에서 완전하고 충만하므로 나는 그저 나를 사랑하고 아끼며 나답게 살아갈 수 있게 된다.

즉, 하나님 앞에서 내가 해야 할 것을 도전하고 이룸으로써 보람을 느끼며 살 수 있는 새로운 삶이 선물로 주어지게 된다.

천국은 이 땅에서의 삶과 완전히 동떨어진 곳이 아니다. 그런 곳이었으면 처음부터 구원받자마자 하나님 나라로 우리를 데려가셨을 것이다. 하나님께서 구원받은 백성에게 여전히 이 세상을 살아가게 하시고, 이 땅에서부터 하나님 나라 백성으로 준비되게 하시며, 이 땅에서의 삶을 가지고 하나님 나라에서의 상급을 결정하신다는 것은 이 땅에 삶이 어떤 모습으로든 하나님 나라로까지 연결된다는 것을 의미한다.

여기에 덧붙여서 말하면 꽤 많은 사람이 하나님 나라에서는 누가 누군지 몰라볼 것으로 생각한다. 사람들이 그렇게 생각하는 이유는 부활이 없다고 주장하는 사두개인들이 예수님을 시험하기 **위해 한** 질문에 대해 예수님께서 부활할 때는 장가도 가지 않고 모두가 천사와 같을 것이라고 대답했기 때문이다.

그런데 이 말씀은 말 그대로 하나님 나라에서는 우리가 천사와 같은 모습으로 변화되기 때문에 장가갈 필요가 없다는 말이다. 하나님 나라에서는 혼인 관계로 가족을 형성할 필요가 없다. 모두가 하나님을 아버지로 모시는 한 가족이기 때문이다.

따라서 이 말이 이 땅에서의 기억이 다 지워져서 누가 누구인지 몰라보게 된다는 근거가 될 수는 없다. 앞에서도 말했듯이 하나님 나라에서의 삶은 우리가 이 세상에서 살아온 삶과 흔적의 연속이다. 우리가 살아온 흔적을 가지고 하나님 나라에서 상급을 받으며 영원한 삶을 살게 될 것이다.

예수님이 말씀하신 비유를 보아도 그렇다. 거지 나사로가 죽어서 하나님 나라에 갔을 때 부자는 아브라함의 품에 안겨 있는 나사로를 알아보았다. 변화산에서 예수님께서 모세, 엘리야와 말하셨을 때도 제자들은 그들이 모세와 엘리야라는 사실을 알 수 있었다.

이처럼 우리가 하나님 나라에 갔을 때도 변화된 육체를 가진 영적인 존재로 살아가면서 사랑하는 가족과 소중한 친구들을 만나 함께 기쁨을 누리며 살게 될 것이다. 그런 점에서 전도가 정말 중요하다. 내가 만나야 할 소중한 가족이 하나님 나라에 없다면 우리가 다시 사랑하고 아껴줄 기회를 잃어버리는 것이기 때문이다.

다시 하나님 나라의 삶으로 돌아와서 이야기해 보면, 하나님께서는 죄로 인해 망가진 인간이 이 세상에서 수많은 아픔을 겪으면서 후회하며 살아가는 것을 누구보다 아파하고 계신다. 그래서 하나님은 인간이 그런 후회와 아픔을 반복하지 않는 새로운 삶을 예비하고 계신다. 단순히 너희는 내 종이니까 이 땅에서 마땅히 희생해야 한다거나 너희가 지은 죄니까 고통당하는 것이 당연하다는 마음으로 우리에게 순종을 요구하는 것이 아니다.

하나님께서 우리에게 순종을 요구하시는 것은 하나님의 뜻대로 살아가는 것이 영적인 건강과 영원한 삶을 위해 꼭 필요한 일이며, 그렇게 살아가는 우리에게 하나님께서 예비하신 선물이 있기 때문이다. 우리가 보기에 어떠하든 하나님께서 말씀하시는 모든 것에는 하나님의 사랑이 담겨 있다.

우리가 살아가는 현실이 어려울 수 있다. 여러 가지 문제와 아픔으로 잠들 때마다 눈물을 흘려야 할 수도 있다. 또한, 하나님을 섬기는 것이 힘들고 하나님의 뜻대로 살기 위해 포기해야 하는 것이 많을 수 있다. 그러나 하나님께서는 우리에게 더 좋은 것들을 준비하고 계신다. 미리 준비한 선물을 뒤에 숨기고 기대에 찬 아이를 바라보며 흐뭇해 하는 부모와 같이 하나님께서도 우리가 소망하는 것들 그리고 우리가 상상도 하지 못한 선물을 손에 쥐고 우리를 바라보고 계신다.

우리는 그런 하나님 나라를 바라보며 살아야 한다. 우리에게 예비되어 있는 하나님 나라를 바라보며 이 땅의 즐거움을 포기하고 영적인 삶을 살아가는 것은 세상 사람과 다른 모습으로 살게 하는 힘이라고 할 수 있다. 그렇기에 모든 그리스도인은 영원한 하나님 나라를 바라보며 떡(육적인 원리)으로만 살 것이 아니라 하나님의 입에서 나오는 모든 말씀(영적인 원리)으로 사는 법을 연습하기 위해 지속해서 성장하며 훈련해야 한다.

그럴 때 우리는 이 땅에서도 하나님 나라가 주는 힘으로 살아가게 되며 나아가 영원한 하나님 나라에서 우리가 간절히 기대하고 꿈꾸었던 삶을 선물로 받게 될 것이다.

묵상을 위한 질문

1. 성경에서 천국을 말할 때 강조하는 두 가지 부분은 무엇인가?

2. 천국에서의 삶은 우리가 살던 이 땅에서의 삶의 연속이라고 말하는 근거는 무엇인가?

3. 이번 장을 읽으면서 천국에서의 삶에 대해 가장 기대가 되는 부분은 무엇인가?

제2장

하나님 나라를 살아가게 하신 이유

모든 사람은 자기가 하는 행동에 이유가 있다. 이상한 행동을 하는 사람도 그러한 행동을 하는(할 수밖에 없는) 이유와 사연을 가지고 있다. 비록 자기도 그 이유를 알지 못할 때가 있기에 '그냥'이라고 표현하기도 하지만 그 말조차도 알 수 없고 표현할 수 없는 나름의 심오한 이유를 표현하고 있는 말이다.

오래전 섬기던 교회에서 주일 점심시간에 아내와 교회 근처 카페에 가기로 했다. 그런데 이제 막 대학교에 올라온 청년이 혼자 있는 것이 보였다. 다른 친구들은 교회학교를 섬기며 차량 운행을 가서 없었고, 이 청년만 붕 떠버린 시간을 혼자 보내고 있었다. 그래서 그 청년에게 같이 카페에 가서 쉬자고 말하고 데리고 나왔다. 메뉴를 주문하고 앉아 있는데 이 청년이 한참을 망설이다가 우리에게 이렇게 물었다.

"전도사님, 그런데 저 이거 왜 먹는 거예요?"

마치 부모와 이별을 앞두고 마지막 식사를 하는 아이가 불안함을 느끼면서 '왜 나에게 맛있는 것을 사 주는 거야' 하고 묻는 것처럼 들렸다.

우리는 그 친구가 혼자 남아있는 모습이 심심해 보여서 그 심심하고 혼잡한 곳에서 구원해 주고 싶었을 뿐인데, 이 청년은 그 많은 청년 중에 왜 자기만 이런 대우를 받고 있는지가 궁금했던 것이다. 그리스도인에게도 이런 질문이 필요하다.

"하나님께서 왜 나를 구원하셨는가?"

하나님께서 우리를 구원하시기 위해 치르신 대가가 얼마나 큰지를 이해한다면 당연하게 왜 나에게 그런 은혜를 주셨는지를 고민할 수밖에 없다. 하나님께서는 우리를 구원하실 때 분명한 목적이 있으셨다. 하나님은 그냥 심심해서 인간을 구원하신 것이 아니다. 구원받은 그리스도인을 통해 하시고자 하는 일이 있으셨고 그 일을 할 자격을 주기 위해 구원하신 것이다.

구원의 근본적인 목적은 인간을 죄에서 구원하셔서 영원한 하나님 나라의 삶을 선물해 주시기 위해서다. 그런데 하나님께서는 이 구원을 이 땅에서부터 미리 시작하셨다. 우리가 정말 하나님의 말을 잘 듣는지 끝까지 지켜보시다가 구원을 주신 것이 아니라 먼저 우리를 구원하셔서 하나님 나라를 경험하며 이 땅을 살아가게 하신 것이다. 마지막 장에서 살펴볼 것이 이것에 관한 내용이다.

하나님께서 우리가 이 땅에서부터 하나님 나라를 경험하며 살아가게 하신 이유가 무엇일까?

이 두 가지가 비슷한 말일 수 있지만 그 이유에 대해 두 가지 측면에서 생각해 볼 수 있다. 먼저, 뇌물이라는 측면이다. 하나님께서 우리에게 주신 구원은 공짜다. 인간이 구원을 위해 할 수 있는 일은 아무것도 없다. 그저 하나님이 주신 은혜의 선물을 받아들이는 것뿐이다.

모든 사람은 예수님을 믿음으로 받아들이기만 하면 아무런 값없이 구원을 선물로 받게 된다. 그래서 많은 사람이 이 은혜를 정말로 공짜 취급을 하기도 한다. 쉽게 얻은 것이니 값싼 것으로 취급을 하는 것이다. 그러나 실제로 구원은 그렇게 취급할 수 있는 하찮은 선물이 아니다. 인간의 입장에서는 공짜이지만 하나님의 입장에서는 말로 표현할 수 없는 대가를 치르고 준비한 선물이기 때문이다.

하나님께서 인간에게 구원을 주시기 위해 어떤 대가를 치르셨는지를 아는 사람은 구원을 하찮게 여길 수 없다. 오히려 그 선물에 대해 감격하고 부담스러워해야 하는 것이 정상이다. 세상에 공짜가 없다는 것은 어느 정도 사회생활을 해본 사람이라면 다 아는 사실이다.

만약, 직장 상사가 갑자기 이천만 원짜리 차를 선물해 준다고 한다면 무슨 생각이 들겠는가?

나에게 무슨 커다란 부탁을 한다거나 남몰래 비리를 저지르도록 명령하거나 하다못해 퇴사하라고 압박을 하는 것이라고 생각할 수도 있다. 선물 자체가 참 감사하고 기분을 좋게 하기도 하지만 선물의 값이나 의미가 크면 클수록 선물을 받은 이후의 부담은 커지게 된다. 그런 선물은 하는 사람도 받는 사람도 그 선물만큼의 무언가가 있음을 생각하게 된다.

하나님이 주시는 구원도 마찬가지다. 하나님이 주시는 구원은 받을 때까지는 공짜지만 받은 후에는 공짜가 아니다. 하나님께서 구원을 주시면서 기대하는 것이 있기 때문이다. 이것은 일종의 뇌물이다. 하나님께서 자기 아들까지 버리시며 우리를 구원하신 것은 우리에게 그만큼의 무언가를 기대하시기 때문이다.

그리고 이런 우려는 현실이 된다. 하나님은 구원받은 자에게 노골적으로 예수님처럼 살기를 요구하신다. 내가 너를 죽음으로 살려냈으니 이제는 나를 위해 살라고 부탁을 하시는 것이다. 이것은 전혀 이상한 일이 아니다.

하나님께서는 예수님을 믿고 구원받는 사람은 그렇게 살아야 할 것이라고 누누이 말씀하셨고 우리는 그것에 동의하며 우리의 영원한 삶을 주님께 맡겨 드린 것이기 때문이다.

그런데 많은 사람이 구원받고는 입을 닦아 버린다. 하나님께서 자기를 구원하기 위해 어떤 대가를 치르셨는지를 잊어버리고 이제 풀려났으니 내 맘대로 살겠다고 도망가 버리는 것이다. 이런 사람이 정말 구원받은 사람이라고 말할 수 있는지에 대해 의문이 있을 수 있다.

여기서 말하는 사람들은 예수님을 믿겠다고 말하자마자 도망 가버린 사람들을 말하지 않는다. 이런 사람들은 예수님을 믿음으로 영접한 것이라고 하기는 어렵다. 그런 사람은 여러 가지 이유로 예수님을 믿겠다고 말로만 고백한 사람으로 구원받은 자라고 말할 수 없다(롬 10:10).

여기서 말하는 사람들은 예수님을 마음으로부터 믿고 예수님의 뜻을 따라 살아가다가 자기의 기대와 다른 삶을 경험하며 실망해 도망 가버리는 사람들을 말한다. 실제로 많은 사람이 예수님을 구주로 고백하며 성장을 하다가 세상에 휩쓸려서 자기가 원하는 삶을 따라가는 것을 보게 된다.

그런 삶에는 하나님께서 예비하신 또 다른 선물, 즉 하나님과 함께하는 새로운 삶이 유지될 수가 없다. 하나님과 함께 죄를 이기며 세상을 정복해 가고 나의 인생을 하나님의 역사가 일어나는 기적의 현장으로 만들어 가는 본격적인 선물을 놓치게 되는 것이다.

하나님께서는 우리를 위해 구원을 선물로 주시기도 했지만, 하나님 자신을 위해서도 구원하셨다는 사실을 기억해야 한다. 우리는 이제 구원이라는 하나님 나라의 사원증을 목에 걸고 하나님 나라를 위해 일하는 존재가 되었다. 이것은 하나님이 억지를 부리시는 것이 아니라 예수님을 주인으로 인정하는 고백 안에 우리가 하나님을 위해 살겠다는 고백도 함께 담겨 있기에 당연한 일이다. 성경은 그리스도인에게 주어진 구원에 대해 이렇게 말한다.

> 그리스도를 위하여 너희에게 은혜를 주신 것은 다만 그를 믿을 뿐 아니라 또한 그를 위하여 고난도 받게 하심이라(빌 1:29).

> 자녀이면 또한 상속자 곧 하나님의 상속자요 그리스도와 함께 한 상속자니 우리가 그와 함께 영광을 받기 위하여 고난도 함께 받아야 할 것이니라(롬 8:17).

> 그가 모든 사람을 대신하여 죽으심은 살아 있는 자들로 하여금 다시는 그들 자신을 위하여 살지 않고 오직 그들을 대신하여 죽었다가 다시 살아나신 이를 위하여 살게 하려 함이라(고후 5:15).

> 그가 우리를 대신하여 자신을 주심은 모든 불법에서 우리를 속량하시고 우리를 깨끗하게 하사 선한 일을 열심히 하는 자기 백성이 되게 하려 하심이라(딛 2:14).

이 말씀들은 하나님께서 우리에게 어떤 기대를 갖고 구원의 은혜를 베푸셨는지를 잘 보여 준다. 하나님께서는 모든 그리스도인이 고난까지도 감당하며 하나님의 일을 감당하게 하시려고 그 크고 값비싼 대가를 치르신 것이다. 그래서 모든 그리스도인은 그런 하나님의 기대에 부응하는 삶을 살아가야 한다. 그것이 구원의 목적이기 때문이다.

물론, 우리는 여전히 연약하고 실수가 많아서 예수님처럼 사는 것이 매우 어렵다. 하나님이 혼자 하시는 것보다 일이 더디게 진행이 되고, 생각지도 못한 문제가 발생하게 될 것이다. 때로는 나 때문에 그리고 교회 때문에 하나님의 이름이 욕을 먹기도 한다. 그러나 하나님은 자기 일을 그렇게 하기로 작정하셨다.

오직 구원받은 자들 곧 교회를 통해 세상을 구원하시고 회복시켜 가기로 작정하신 것이다. 하나님께서 그렇게 결정하셨기 때문에 모든 일의 완성은 하나님께 달린 문제이다. 우리가 할 것은 하나님의 기대를 만족시켜 드리기 위해 나에게 주신 일들에 최선을 다해 순종하는 것뿐이다.

하나님께서는 그리스도인이 완벽하게 사는 모습을 기대하지 않으신다. 완벽하지 않아도 자기의 연약함을 인정하며 하나님을 찾고, 하나님과 함께 인생을 씨름하며 성장해 나가는 이 모든 과정을 기뻐하시고, 그 과정을 통해 영광을 받으시는 것이다. 우리는 하나님과 함께해 가는 이 모든 과정을 통해 구원받은 자, 즉 하나님의 자녀라는 신분에 걸맞은 모습으로 성장하게 된다.

하나님께서 하나님 나라를 이 땅에서부터 시작하신 이유는 이뿐만이 아니다. 하나님께서 사람을 이 땅에서부터 변화시키셔서 영적인 존재로 살아가게 하신 것은 인간이 성령님의 능력을 힘입어 살아야만 하나님의 일을 감당할 수 있기 때문이다.

사람이 이 땅에서부터 구원의 은혜를 누리며 살도록 허락하신 것은 먼저 지급된 출장 비용과 같다. 구원받은 그리스도인이 이 땅에서 해야 할 일은 이 세상의 힘으로는 할 수 없는 일이다. 사람들의 마음을 하나님께로 돌이키며 영혼을 구원하고, 죄와 욕심으로 가득찬 세상에서 사랑과 희생과 고난을 당하며, 믿음으로 세상을 이기는 것은 돈이나 권력과 같은 세상의 힘으로 할 수 있는 일이 아니다.

이 일은 영적인 원리와 영적인 힘으로만 가능하기에 반드시 하나님으로부터 영적인 지혜와 능력을 공급받아야만 할 수가 있다. 그래서 하나님은 인간을 영적인 존재로 만드셔서 하나님과 영으로 소통하며 성령님이 공급하시는 힘을 가지고 살아가게 하신 것이다. 그리스도인이 이 땅에서 누리는 복은 모두 하늘에 속한 것이다.

구약 시대에는 하나님의 복이 눈에 보이는 부와 권력의 형태로 나타났지만, 지금은 다르다. 하나님께서는 모든 그리스도인에게 하늘의 권세와 하늘의 복을 허락하시고, 하늘의 능력을 허락해 주신다. 그래서 그리스도인은 하늘의 능력과 권세, 하늘의 복이 우리에게 부어지기를 사모해야 하고, 그것을 가지고 살아가는 것에 익숙해져야 한다.

우리가 이러한 사실을 잊어버리고 여전히 세상의 힘을 사랑하고, 세상의 부와 권력에만 마음을 쏟으며 살아간다면 우리에게 일어난 새로운 변화들은 전혀 힘을 쓰지 못하게 될 것이다.

하나님께서는 우리가 하나님의 뜻대로 살아갈 힘을 이미 모두 허락하셨다. 아무것도 주시지 않고 일하라고 하신 것이 아니라 그것을 이루기 위한 길도 만들어 주시고, 비용도 주시고, 그것을 어떻게 해야 할지도 가르치시며 모든 것을 공급하고 계신다. 우리가 아무것도 받지 못한 것처럼 느끼며 살아가는 것은 하나님께서 주신 것이 무엇인지를 깨닫지 못하고 그것에 관심도 없기 때문이다.

오직 세상이 주는 즐거움과 화려함에만 마음을 빼앗겨서 영적인 것에 관한 관심이 없기 때문에 이미 손에 쥐고 있는 큰 능력을 보지 못하는 것이다. 모든 그리스도인은 하나님과 함께 세상을 변화시키고 회복시킬 능력을 부여 받았다.

우리가 이제는 영적인 힘으로 살아가기 위해 성령님의 인도를 받고, 성령님의 지배를 받으며 살아가는 것에 집중해야 한다. 그럴 때, 하나님께서 우리에게 허락하신 새로운 힘을 가지고 우리가 생각하지도 못한 일을 하게 되는 것을 경험하게 될 것이다.

하나님께서는 분명한 목적을 가지고 우리를 구원하셨다. 하나님께서 우리를 구원하시고도 죄와 욕심이 가득하고, 사탄의 공격이 있는 이 세상 한 가운데서 살도록 하신 것은 변화된 우리를 통해 해야 할 일이 있으시기 때문이다. 그리고 하나님께서는 그 일을 할 수 있는 능력도 허락하셨다.

모든 그리스도인은 하나님께서 자기에게 주신 이 큰 은혜에 대한 부담을 떠안고 살아야 한다. 하나님께서 왜 나를 구원하셨는지를 기억하며 그것이 하루를 살아가는 이유가 되고, 삶의 방향이 될 때 우리는 구원받은 자로서 해야 할 역할을 잘 감당하는 하나님 나라의 시민으로 살아가게 될 것이다.

묵상을 위한 질문

1. 구원이 우리 입장에서는 공짜지만 하나님의 입장에서는 공짜가 아니라고 하는 이유는 무엇인가?

2. 하나님이 베푸신 구원이 일종의 뇌물과 같다는 말은 어떤 의미인가?

3. 하나님께서 이 땅에서부터 하나님 나라를 시작하셔서 그 힘을 갖게 하신 이유는 무엇인가?

제3장

하나님 나라를 살아가는 자의 특징

유별남(빛과 소금)

구원받은 자들은 어떠한 삶을 살게 되는가?

어떻게 내가 바르게 살고 있는지를 알 수 있는가?

이러한 질문은 구원받은 자로서 올바른 삶을 살기 위해 중요한 질문이다. 구원받은 자의 특징을 설명하자면 상당히 많은 이야기를 해야 하지만 여기서는 영적인 삶의 특징에 관해만 이야기를 해 보려고 한다.

그리스도인은 영적인 원리를 적용하면서 사는 사람들이다. 그렇기에 사람들이 보기에는 독특해 보이는 면이 있다. 사람들이 흔히 생각하는 것과 다른 방식으로 살아가기 때문이다. 그리스도인은 세상 사람이 보기에 답답하고 바보 같고 재미없는 삶을 살아간다. 사람들이 그렇게 느끼는 이유는 그리스도인의 영적인 삶을 이해할 수 없기 때문이다.

> 육에 속한 사람은 하나님 성령의 일들을 받지 아니하나니 이는 그것들이 그에게는 어리석게 보임이요, 또 그는 그것들을 알 수도 없나니 그러한 일은 영적으로

분별 되기 때문이라(고전 2:14).

그래서 그리스도인의 삶은 상당히 유별나 보인다. 그런데 이것은 그리스도인의 중요한 특징이기도 하다. 예수님은 그리스도인을 빛과 소금이라고 표현하신다.

> 너희는 세상의 소금이니 소금이 만일 그 맛을 잃으면 무엇으로 짜게 짜게 하리요 후에는 아무 쓸데없어 다만 밖에 버려져 사람에게 밟힐 뿐이니라 너희는 세상의 빛이라 산 위에 있는 동네가 숨겨지지 못할 것이요 사람이 등불을 켜서 말 아래에 두지 아니하고 등경 위에 두나니 이러므로 집 안 모든 사람에게 비치느니라 이같이 너희 빛이 사람 앞에 비치게 하여 그들로 너희 착한 행실을 보고 하늘에 계신 너희 아버지께 영광을 돌리게 하라(마 5:13-16).

이 말씀은 그리스도인이 세상에서 어떤 영향을 미쳐야 하는 존재인지를 말한다. 그리고 그와 함께 그리스도인의 독특성을 말하는 것이기도 하다. 소금은 그 맛으로 정체성을 드러낸다. 빛 역시 사람들에게 비침으로 그 정체성을 드러낸다. 소금은 맛을 잃으면 쓸모가 없고 빛 역시 감추어 두면 쓸모가 없다. 소금과 빛은 본연의 성질을 잘 유지하고 있어야 한다.

그리스도인도 마찬가지로 그리스도인의 특징인 영적인 삶을 잘 유지하고 있어야 한다. 많은 그리스도인이 세상에서 그리스도인으로서 구별되어 살아가기를 싫어한다. 그리스도인으로 구별된 삶을 살다보면 세상 사람과 다른 모습으로 **살면서** 비난과 조롱을 받아야 하기에 최대한 세상 사람과 다르지 않은 모습으로 살고 싶어 하는 것이다.

그런데 그리스도인이 하나님 앞에서 바른 신앙생활을 하기 위해서는 유별날 수밖에 없다는 사실을 인정해야 한다. 그리스도인에게서 나타나는 영적인 유별남은 피할 수도 없고 감추어지지도 않는다. 자기가 유별나고 싶지 않다면 그것은 그리스도인으로서 살아가기를 포기하는 것과 같다. 그리스도인은 세상 사람과 사는 방식 자체가 다르기 때문이다.

물론, 그리스도인 역시 이 땅에 발붙이고 살기에 **세상의 힘과 원리가 어느 정도 필요하기도 하지만** 그것이 전부가 아니다. 그리스도인이 하나님의 뜻을 이루고 하나님과 동행하며 살아가기 위해 때로는 사람들의 눈에는 이해되지 않는 영적인 방법을 선택하며 그것을 기초로 살아가기에 유별나 보일 수밖에 없는 것이다.

그리스도인이 유별난 것처럼 보이고 싶지 않다는 이유로 이런 영적인 삶을 포기하게 되면 그때부터 그리스도인은 맛 잃은 소금이 된다. 정상적인 기능을 유지하는 소금은 짠맛이 날 수밖에 없다. 짠맛이라는 유별남이 그 소금이 정상이라는 것을 증명해 준다.

하나님 나라를 추구하는 사람은 그의 생각과 태도가 영적인 것에 초점이 맞춰질 수밖에 없다. 그래서 영적인 것을 추구하며 사람들과 다른 방식과 다른 생각으로 행동하는 것 자체가 유별난 특징이 된다. 사람들과 다른 방식과 다른 생각으로 살아가는 그 유별남이 건강하게 신앙생활을 하고 있다는 증거가 될 수 있는 것이다.

그렇게 영적인 것을 추구하며 유별나게 사는 사람들은 이 세상의 빛과 소금의 역할을 감당하게 된다. 세상을 영적인 눈으로 바라보며 무엇이 옳은 것인지를 분별하며 더 선한 것, 더 영적인 것을 선택한다. 또 영적인 눈으로 보며 판단하기에 사람들과 다르게 반응하고 사람들과 다른 태도로 살아가며 다른 길을 걷게 된다.

그래서 영적인 원리로 사는 사람은 자기가 빛이라는 사실을 숨길 수가 없다. 단순히 말로만 예수님을 소개하는 것이 아니라 그의 삶 자체가 길을 비춰주는 빛이 된다. **또한, 그리스도인이 영적인 것을 추구하며 유별나게 살 때만 세상의 부패를 막을 수가 있다.** 세상의 부패를 방지하는 역할은 잘못을 지적하는 것만으로 충분하지 않다. 영적인 것을 추구하며 살아가는 그 모습 자체로 세상의 부패를 막을 수 있다.

정직하게 살면 바보가 된다는 세상에서 정직하게 살아도 망하지 않을 수 있고 하나님의 은혜가 주어진다는 것을 보여 주게 된다. 또 나로 인해 하나님이 그토록 원하시는 공의와 정의가 세상에 흘러가게 된다. 돈이 신이 되고, 돈이 삶의 목표가 되어 버리는 시대의 흐름 속에서 그리스도인은 영적인 힘을 의지하며 **섬김과 나눔**에 집중함으로 돈을 향해 가는 세상에 저항할 수 있다.

이처럼 그리스도인이 영적인 것을 추구하는 삶 자체로 세상의 부패를 막는 기능을 하게 되는 것이다. 이런 삶은 그리스도인이 영적인 것을 추구하며 유별난 삶을 살기로 선택할 때만 가능하다. 여기서 말하는 유별남은 TV도 안 보고 산에 박혀서 수행하는 삶을 말하는 것이 아니다. 일상을 똑같이 살면서도 영적인 것을 사모하며 그것에 시간을 투자하고 영적인 방법을 선택하며 사는 것을 말한다. 성경은 이것을 가리켜 구별됨이라고 표현한다.

그리스도인은 유별난 사람들이 아니다. 세상의 것들을 뒤로하고 영적인 것을 의지해 살아가는 구별된 삶이 세상 사람의 눈에 유별나 보이는 것일 뿐이다. 그리스도인은 세상에 속한 자로서 살지 않고 하나님의 자녀로서의 삶을 살아야 하므로 반드시 구별된 삶을 살아야 한다.

세상 사람은 그런 모습을 보고 유별나다고 욕하고 말이 통하지 않는 족속이라고 욕을 하지만 그건 그리스도인의 처지에서도 마찬가지다. 삶에 대한 가치와 이해가 서로 다르기 때문이다. 그리스도인은 세상에 속한 사람들이 아니다. 그리스도인은 자기의 소속을 분명히 해야 한다.

우리가 세상에서 구별됨을 포기한다면 그것은 하나님이 우리에게 주신 독특성(맛, 빛)을 포기하는 것과 같다. **그래서** 그리스도인은 자기가 이 세상에서 구별되어 살 때 찾아오는 고난을 당연한 것으로 받아들여야 하며 그것에 대해 준비되어 있어야 한다.

> 너희가 세상에 속하였으면 세상이 자기의 것을 사랑할 것이나 너희는 세상에 속한 자가 아니요 도리어 내가 너희를 세상에서 택하였기 때문에 세상이 너희를 미워하느니라(요 15:19).

우리에게 올 고난은 이미 성경에 예언되어 있다. 또 모든 그리스도인은 하나님 나라를 위해 고난받는 사명을 부여 받았다. 이러한 사실을 보면 그리스도인이 구별되어 살아갈 때 찾아오는 고난은 전혀 이상한 것이 아니다. 이것은 어떤 특정한 사람에게만 해당하는 것이 아니라 구원받은 모든 그리스도인에 관한 말이다. 그리고 그러한 고난을 충분히 감당하게 하려고 우리에게 하나님 나라가 주어진 것이다.

성령님께서 우리 안에 거하신 것은 우리에게 고난을 이길 힘을 주시고 고난 가운데에서도 평안과 기쁨을 누릴 수 있도록 하기 위해서

다. 그리스도인에게 성령님과 함께하며 영적인 것을 추구하는 유별남이 없다면 그것은 하나님이 허락하신 구원의 의미를 퇴색시키며 살아가는 것이다.

하나님은 모든 그리스도인이 영적인 것을 선택하며 세상에서 구별되어 살기를 원하셨다. 그래서 교회를 만드신 것이다. 교회를 지칭하는 헬라어 단어인 '에클레시아'는 세상으로부터 부르심을 받은 자들이라는 의미가 있다. 구원받은 그리스도인은 영적인 존재가 되어 영적인 삶을 살아야 하므로 육체적인 세상에서 따로 구별된 공동체로 불러 주셨다.

영적인 원리를 선택하며 하나님 나라를 살아가야 하는 그리스도인이 서로의 사랑과 선행을 격려하고, 서로를 이해하고 품어 주며 함께 기도하고 버텨 나갈 수 있는 장치를 마련해 주신 것이다. 우리는 세상과 다른 특별한 존재로 부르심을 받았기에 세상 사람이 우리를 이상한 눈으로 당연히 쳐다보며 세상에서 외면당하고 미움을 받는 것도 당연하다.

사람들이 온 세상의 창조자이신 예수님께조차도 자기들과 다르다는 이유로 외면하고 미워했다면 예수님을 따라 살아가는 우리를 이해하지 못하고 미워하는 것은 **당연하다.** 하나님께서는 그러한 고난에도 그리스도인이 승리할 수 있도록 모든 은혜와 능력, 지혜와 소망, 하늘의 복과 권세를 허락하셨다.

우리는 이제 자기 아들과 함께 모든 것을 허락하신 하나님을 신뢰하며 세상과 구별된 자로 살아가기를 선택해야 한다. 그럴 때 우리는 세상을 변화시키고 회복시키는 빛과 소금으로 살아가게 될 것이다.

> **묵상을 위한 질문**
>
> 1. 세상 사람이 보기에 그리스도인의 삶이 독특해 보이는 이유는 무엇인가?
>
> 2. 그리스도인은 세상에서 빛과 소금의 역할을 감당해야 하는데, 그리스도인이 무엇에 집중할 때 그런 삶을 살 수 있다고 말하는가?
>
> 3. 그리스도인은 독특한 삶, 구별된 삶을 살기 위해 필연적으로 각오해야 할 것은 무엇인가?

나오는 말

◆

구원을 이루라

　많은 사람이 하나님 나라를 죽어서 가는 곳으로만 인식하고 있다. 최근 들어 이 땅에서 누릴 수 있는 하나님 나라에 관해 말하지만 이미 오랫동안 주입되어 온 하나님 나라에 대한 인식은 쉽게 바뀌지 않는다.

　그래서 많은 사람이 죽어서 갈 하나님 나라만 바라보면서 잘못된 신앙의 모습을 가지고 사는 것이 현실이다. 지금까지 살펴본 것처럼 우리에게 이루어진 **하나님 나라**는 예수님을 믿고 영접하는 순간부터 시작된 것이다. 아직 온전하게 이루어지지 않았을 뿐이지 내가 예수님을 믿은 순간부터 하나님 나라를 경험하며 살아갈 수 있는 길이 주어졌다.

　그런데 많은 그리스도인이 여전히 구원받지 못한 것처럼 세상을 살고 있다. 죽어서 가게 될 하나님 나라만 바라볼 뿐 나에게 이미 시작**된** 하나님 나라를 살아갈 생각을 하지 못하는 것이다. 그리고 그러한 괴리 때문에 자기에게 아무런 변화도 일어나지 않은 것처럼 살기도 한다.

　그러나 앞에서 살펴본 것처럼 구원받는 순간 그리스도인에게는 단순히 천국에 가게 되었다는 표현만으로 설명하기 어려운 많은 변화가 일어난다. 성령님이 그리스도인 안에 들어오심으로 영적인 존재가 되어 하나님과 함께하며 하나님 나라를 이루어 가는 가능성이 열리게 된 것이다.

영적인 존재로 변화된 그리스도인에게는 새로운 삶의 방식이 주어졌기에 영적인 원리와 방법으로 살기 위한 성장과 훈련을 해야 하며 영적인 원리가 주는 힘, 하나님과 교제하는 힘으로 살아야 한다. 이것이 성경에서 말하는 하나님의 자녀다운 삶, 성령님으로 충만한 삶, 하나님과 동행하는 삶이다.

우리는 이렇게 시작된 구원을 주님이 오실 때까지 온전히 이루어 가야 한다. 내가 보이는 세상을 의지해서 살아갈 것인지, 보이지 않는 하나님 나라를 살아갈 것인지는 나의 선택에 달려 있다. 그렇기에 영적인 것을 선택하고 영적인 것을 의지하기 위한 훈련, 구원을 온전히 이루어 가는 과정이 필요한 것이다.

다만, 우리가 기억해야 할 사실은 우리에게 주어진 하나님 나라, 영적인 삶이 표현되는 방식은 전혀 영적이지 않아 보일 수 있다는 것이다. 그리스도인이 영적인 존재로서 마음과 생각이 달라지고 하나님 나라가 주는 평안과 기쁨 속에 산다고 하더라도 그러한 변화가 신비로운 모습이나 영적인 것으로 표현되지 않는다.

방언하고 예언하고, 하나님의 음성을 들으며, 어떤 신비로운 일을 추구하는 것만이 하나님 나라를 표현하는 방법이 아니다. 영적인 원리로 살아가는 삶은 마음의 변화 때문에 이전보다 하나님을 더 사랑하게 되는 것은 물론, 가족 또한 더욱 사랑하고 아끼게 될 뿐만 아니라 공동체로 주어진 교회에도 애정을 가지고 성실히 봉사하는 것으로 표현되기도 하고, 다른 사람들을 불쌍히 여기며 구제하거나 직장

동료에게 더 친절하게 대하는 것으로 표현되기도 한다.

또한, 가치관의 변화로 때문에 세상 가운데서 정직하게 살게 되고, 정의를 추구하며 약자 편에 서게 되는 것 등 전혀 영적이지 않아 보이는 방법으로 하나님 나라가 표현될 수 있다.

꼭 영적인 말을 하고 영적인 것처럼 보이는 행동을 해야만 하는 것이 아니라 우리가 하나님과 연결되어서 나타나는 모든 변화와 반응이 하나님 나라에 대한 표현이 될 수 있는 것이다. 그리스도인은 죽어서 갈 하나님 나라만 바라보며 사는 사람들이 아니다. 그것에도 분명한 소망과 능력이 있지만 하나님 나라를 직접 맛보는 것과는 차원이 다르다.

하나님은 그리스도인이 이 땅에서부터 하나님 나라를 누리며 풍성한 삶을 살기를 원하셨다. 예수님께서 오신 이유도 그것이며, 성령님께서 우리 안에 계셔서 함께하신 이유도 그러하다. 그렇기에 그리스도인은 하나님 나라에 갈 것이라는 사실을 아는 것에 그치지 않고 그 하나님 나라를 직접 맛보고 경험하면서 하나님 나라에 대한 깊은 소망을 가지고 살아야 한다.

그리스도인은 세상이 줄 수도 없고 알 수도 없는 영적인 비밀을 소유한 사람이다. 그렇기에 세상 사람과 다른 삶을 살 수가 있다. 그리고 이것은 누구든지 예수님을 자기의 구주와 하나님으로 인정하며 영접한 모든 사람에게 열려 있는 길이다.

이 땅의 모든 그리스도인이 예수 그리스도를 영접함으로 우리에게 어떤 일이 일어났는지를 바르게 이해함으로 우리에게 주어진 엄청난 보물인 하나님 나라를 누리며, 하나님 나라가 주는 힘을 가지고 이 세상을 감사와 기쁨 속에서 살아가게 되길 기도한다.